男女社会学

Seiichiro
Kamiya
神谷 誠一郎

文芸社

プロローグ

「彼、私のこと好きって言ってくれたんだよ？」

その言葉に、私は思わず足を止め、声の主を見やりました。

小学三〜四年生ぐらいでしょうか。赤いランドセルを背負った少女が二人、ブランコに揺られながら真剣な表情で話し合っていたのです。

「だけど、それって半年前の話でしょう？　半年たったんだから、彼の気持ちも変わっても仕方がないんじゃない？」

おかっぱの少女にこう切り返されると、冒頭の彼女はうつむいて黙り込んでしまいました。辺りには、ただ、キィキィとブランコの鎖がきしむ音だけが響いています。

そこは静かな住宅街にある、何の変哲もない小さな公園でした。初夏の風が吹きぬけ、やわらかな日差しが降り注いでいます。見慣れた昼下がりの光景ですが、少女達の会話は大人びていて、そのまわりだけ異質な空気が流れているように感じました。

「それにしても……」

静かにその場を立ち去りながら私は思ったのです。まだ年端もゆかない、こんな小さな女の子でも恋をしているのだと。

誰もが、愛や恋について物狂おしく考え、悩み苦しんだ経験を持っているでしょう。少年少女も大人も老人も、男性も女性も、貧しい人も裕福な人も、皆その気持ちは同じなのです。

恋ほど、私達の心をときめかせるものはありません。そして、愛がなければ私達は生きていけません。人間は痛みには耐えられますが、寂しさには耐えられないものです。愛し、愛されたいという思いは、人間の根源的な欲求です。愛によって、私達が命をつないできたことを思えば、それは必然です。

恋や愛は、人生の中でもっとも大きな位置を占めるテーマであることはまちがいありません。しかし、私達はどうしたら恋愛を成就させられるのか、愛があふれる人生を送るにはどうしたらいいのか、そのノウハウを身に付けていないのです。

これだけ多くの人が関心を持ち、知りたいと思っているのに、体系的なものは何もありません。そこで、どんな人でも愛のスキルを磨けるように、私は「男女社会学」という学問を創始しました。
みなさんも「男女社会学」を学んで自分を高め、すばらしい未来を手に入れませんか？

男女社会学◆目次

はじめに　男女社会学って何？

男女社会学の研究を始めたきっかけ

この本を手にとって、初めて「男女社会学」という言葉を知った、という方も多いことでしょう。それもそのはずです。「男女社会学」は、これまでにない新しい学問だからです。

古今東西、恋愛や夫婦関係をテーマにした作品が無数に創られてきました。小説、詩、戯曲、映画、歌、絵画……。あなたもこれまでたくさんの作品に触れてきたことでしょう。男女の問題を扱う作品の多さは、恋や愛に関心を持ち、悩んだり苦しんだりしている人がいかに多いかを物語っていると思います。

このように、誰もが幸せな男女関係を模索しているのに、それを解決するための学問がないことに私は疑問を持ちました。そして、自然科学や経済学のように、男女問題を客観的に分析する学問があってもいいのではないかと考えたのです。

私がそう思うに至った背景には、個人的なつらい体験がありました。

ビジネスマンとして非常に充実していた二十九歳のとき、私は一人の女性を深く愛し、結婚しました。その瞬間は、バラ色の未来しか見えていませんでした。自分には、夢と希望に満ちた結婚生活が約束されていると信じていました。

ところが、新婚旅行から帰って間もなく、私達は別居することになりました。それから三年後、私達は離婚という結末を迎えたのです。

「あれほど愛した女性なのに、なぜ別れることになってしまったのだろう」

このときから私は、恋愛や結婚、男女の幸せについて深く考えるようになりました。心に残った傷の深さの分だけ、私は、愛や幸福の探求に没頭しました。さまざまな人の話を聞き、たくさんの文献を読み、あらゆる性格分析法を試したのです。

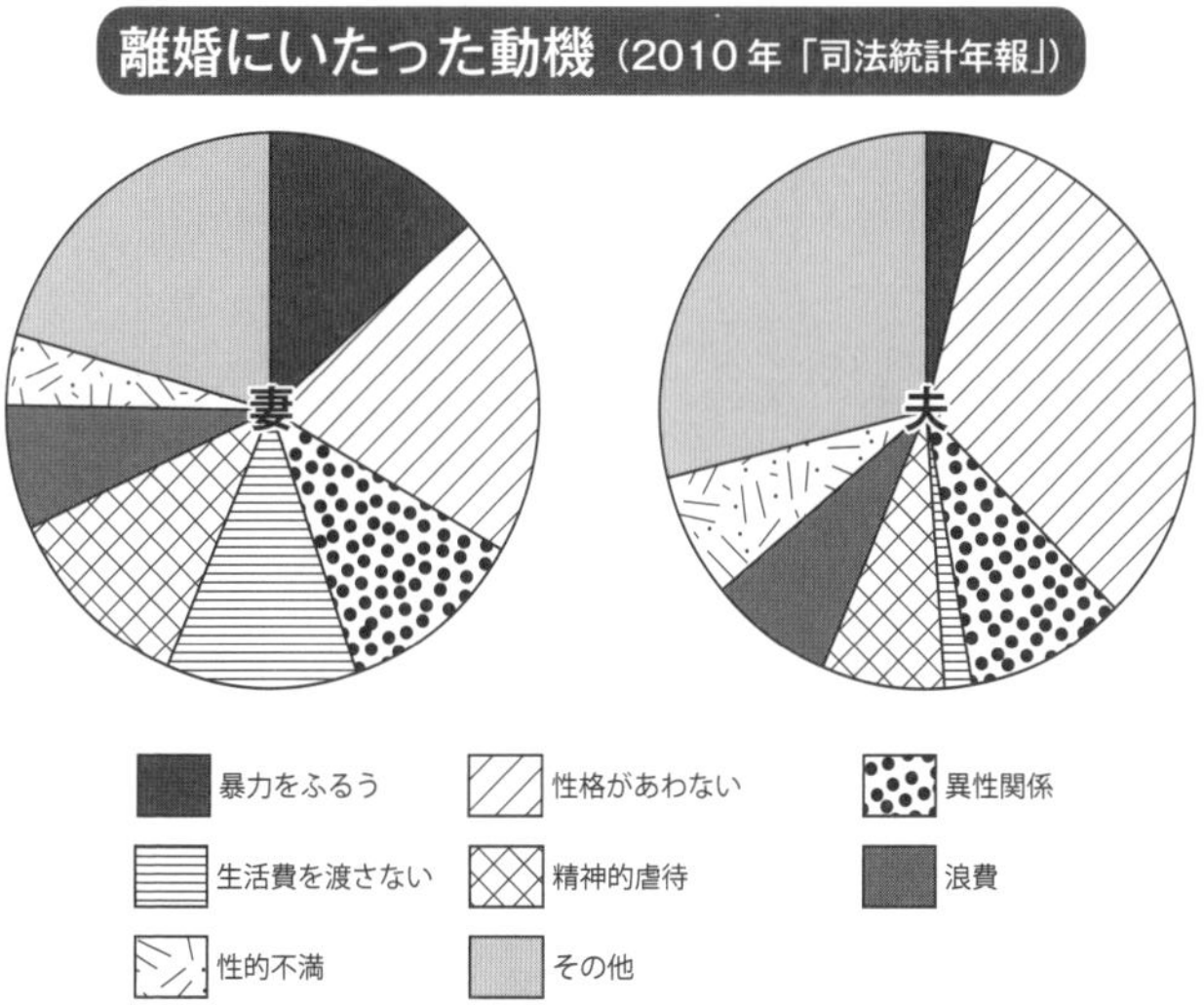

性格分析法の開発、そして男女社会学の成立

なぜ私達は失敗したのか。その答えとしてまず浮かんだのは「性格の不一致」ということでした。

私達だけでなく、多くの夫婦が性格の不一致が原因で離婚に至っています。最高裁判所の「司法統計年報」（２０１０年）によると、離婚申し立てに際して、男性の60.2％、女性の43.4％が、動機として性格の不一致を挙げているそうです。この割合は、暴力（女性28.7％）、異性関係のトラブル（男性17.8％、女性24.7％）と比べても際立っています。性格の不一致は、最も多い離婚の動機となっているのです。

そこで、私はまず、男女の性格に注目し、

性格分析法を中心に研究を進めました。実践的に研究を進めるにつれ、気付いたことがたくさんありました。例えば、自分の性格によって、同じような恋愛の失敗を繰り返してしまう人が多いこと。また、性格とは、付き合う相手によっても変わってくる側面があること。

これらの気付きをもとに、社会心理学、交流分析理論、エゴグラム分析、エニアグラム分析、行動理論など、さまざまな性格分析法を取り入れて、独自の性格分析を作り上げました。これがＡＩＰＣ分析（Angel Intelligent Personality Check）です。

このＡＩＰＣ分析を用いて男女の性格や価値観を調べ、インターネット上で男女のマッチングを行うことにしたのです。性格分析によって交際中に起こるであろう問題の対処方法をあらかじめ知っておけば、実際にトラブルが起こったときスムーズに解決できます。

このような準備期間を経て、私はインターネット上の結婚相談所「恋愛・結婚情報サービスエンジェル」をスタートさせました。

幸いにもエンジェルは時代の波にも乗り、成功を収めました。ＡＩＰＣ分析を用いたマッチングは、先進的な技術として注目を集め、「マッチングの信頼度Ｎｏ．１」という評判で、メディアにも多く取り上げられました。

しかし、これで私の目標が達成されたわけではありません。ただ単にインターネット上で男女の出会いと結婚の機会を提供するだけではなく、男女問題そのものを解決してカップルを幸福に導きたいというのが、私の究極の願いでした。

私は、さらに愛の理論を深めていきました。複雑でデリケートな男女問題を解決するには、これまでのような個人の感覚による対処法では限界があります。もっと科学的な裏づけのある技術として開発できないか、と考えたのです。

その過程で、私は感性工学に興味を持ちました。感性工学とは、一言でいうと、モノ（物質世界）とココロ（感覚、感情を含む感性の世界）との融合を目指す科学です。私はこの感性工学を応用して、これまでは個人的で主観的な領域とされていた、人間の心や感性、イメージなどについて、大量のデータを収集、解析し、男女問題を解明しようと考えたのです。

エンジェルの成功が、私をたくさんのカップルや女性達と引き合わせてくれました。それぞれの体験に基づいて語られるさまざまなストーリーは、そのまま私の研究対象となったのです。集まったデータは、分類して優先順位を定める「カテゴライズ＆プライオリティ」という私独自の手法によって検証していきました。と同時に、幸福についてのさまざまな理論や文献、心理学も研究し、実際のデータとつき合わせて、愛の理論を発展させていったのです。

つまり、「男女社会学」とは、愛の理論を実践に則して体系化したもので、デリケートな男女問題を解決するための学問です。私は、すべてのカップルが幸せな人生を歩めるようにと願って、男女社会学を創始したのです。

男女社会学を学ぶと、男女関係の奥深さを知ることができます。そして、男女の間に生じる問題を解決するにはどういう観点から考えていけばいいか、その問題の根底に横たわっているものは何かなど、深い気付きを得られるようになります。

あなたがその示唆を正しく受け取れば、人生は輝きを増し、愛に満ちたものになるでしょう。

この本の読み方

この本は、すべての人が、自らの愛や幸福を見つめ、高めていくことができるように書かれています。年齢やパートナーの有無、恋愛経験の多い少ない、今幸せかどうかにかかわらず、自分の今の状況に応じて学ぶことができます。

男女社会学では、愛や幸福を「因子」というポイントごとに見ていきます。この本では、各因子を次の4つのパートで解説しています。

① 観点……因子に沿って現状を分析するためのものの見方・考え方を一言でまとめたものです。
② 説明……それぞれの因子について分かりやすく説明しています。
③ カウンセリング事例……その因子にかかわる悩みを持った女性に対し、私がカウンセリングをしています。実例を通して、因子に対する理解を深めてください。
④ レッツ　トライ!……その因子に沿って自分自身（自分達自身）の現状を分析し、よ

り愛や幸福を高めていくためのヒントが得られるワークです。質問に対する答えをノートに書き出すなど、ぜひ実際に手を動かして取り組んでみてください。

★この本では、愛を育みたい相手のことをパートナーと書き表しています。

★レッツ　トライ！　の中には、今パートナーがいる人向けに書かれているワークがありますが、今パートナーがいない人も、過去のパートナーとの関係を振り返ったり、将来パートナーができたときのことを思い描いたりしながら、取り組んでみましょう。

★必ずしも前の章から順番に読む必要はありません。目次を見て、今のあなたに必要だと思われる因子から学んでいくのも一つのやり方です。

★時間が経つと、状況や考え方が変化するものです。一度やって終わり、というのではなく、定期的に取り組んでみることをオススメします。

第一章　幸せな恋愛や結婚のために
～愛の技術をマスターしよう～

人生の定義とは何だろう

まず、男女社会学としての人生の定義をお伝えします。これがはっきりしないと、どの方向に進めばよいのか分からないからです。

なぜ、人は生まれてくるのでしょう。誰でも、一度はこの答えを出そうともがいたことがあると思います。しかし、いつしか明確な答えを出すのをあきらめ、何となく流されて生きていくのがふつうです。現代人は忙しく、生きていくだけで精一杯だと感じている人も多いことでしょう。「人生とは何だろう」とか、愛とは？　恋とは？　などと、論じている暇などないのです。

しかし、これらのことを考えるのは、非常に大切なことではないでしょうか。

私は人生のあり方に正面から取り組んでみました。愛の理論を追究しようと思えば、正面から取り組まざるを得なかったのです。

私はたくさんの女性と出会い、それぞれの愛の形について数多く学ばせてもらいました。彼女達の事例は、まさに千差万別で、分析をすることは一筋縄ではいきませんでしたが、検証を繰り返すうちに、一つの真理に突き当たったのです。

それは、国民性や時代、性別、年齢を問わず、男女は常に同じようなことに悩み、傷つけ合いながらも、心の底では愛し合う二人となって幸福に向かうことを望んでいる、ということです。

たしかに、今は非婚化が進み、結婚しても三組に一組が離婚する時代です。とは言え、好んでシングルでいる人は少ないでしょう。「一人のほうが気楽でいいわ」と、シングルライフを謳歌しているように見える人でも、心の奥底には「誰かいい人がいたらお付き合いしたい」という願望がひそんでいるのではないでしょうか。

この発見から、私は人生の定義を次のように考えました。

「人生とは、パートナーと愛し合い、自分達らしさを築きながら、幸福へと向かう旅である」

この世には男性と女性しかおらず、男女が惹かれ合うのは必然のこと。そうでなければ新しい命も誕生しません。

そして、求め合い、距離が近くなればなるほど、さまざまな問題が噴出してきます。密に触れ合うからこそ、摩擦やすれ違いが起こり、トラブルになるのです。

そうした男女のトラブルをどう解決するかは、人類の永遠の命題といえるでしょう。何千年も昔からさまざまな恋愛叙事詩が書かれ、共感をもって読み継がれているのは、その証しではないでしょうか。

おもしろいことに、平安時代に『源氏物語』に夢中になった女性達も、今、テレビの恋愛ドラマに涙している女性達も、抱えている問題はたいして変わりがないのです。もちろん、男性達もそうです。いかに女性の愛を勝ち得るか、どうすれば男らしいと称賛されるか、そのようなことに今も昔も頭を悩ましているのです。長い時を経ても、男女問題を解決する魔法の杖は見つからなかった、というわけです。

男女社会学は果敢にその難問に挑み、風穴を開けようとしています。

愛と幸福について考えてみよう

私は人生を定義づけるとともに、愛についても考えてみました。

愛とは何でしょう。それは、対象の存在そのものに価値を感じて、自分の心にわき出てくる深くあたたかい感情です。

愛の対象は、パートナーや家族のように身近な人達ばかりではなく、人類、動物、自然、社会、宇宙というように果てしなく広がります。

ただし、誰もが同じように愛を感じるわけではありません。また、同じ人であっても、時によって愛の感じ方は異なります。愛する男性がいとおしくてたまらないときもあれば、憎しみしか感じられなくなるときもあります。

つまり、愛は主観的な感情なのです。愛の対象やとらえ方は人それぞれ異なり、また移ろいやすいものであるため、普遍化するのは難しいと考えられてきたのです。

しかし、男女社会学は、それを可能にしています。すべての男女に理解しやすく、誰もが学んで生かせるということを目指して創り上げたからです。

まず私は、人生の定義である「人生とは、パートナーと愛し合い、自分達らしさを築きながら、幸福へと向かう旅である」について、さらに考察を深めていきました。

この定義は、「パートナーと愛し合う」「自分達らしさを築きながら、幸福へと向かう」という二つの要素からできています。

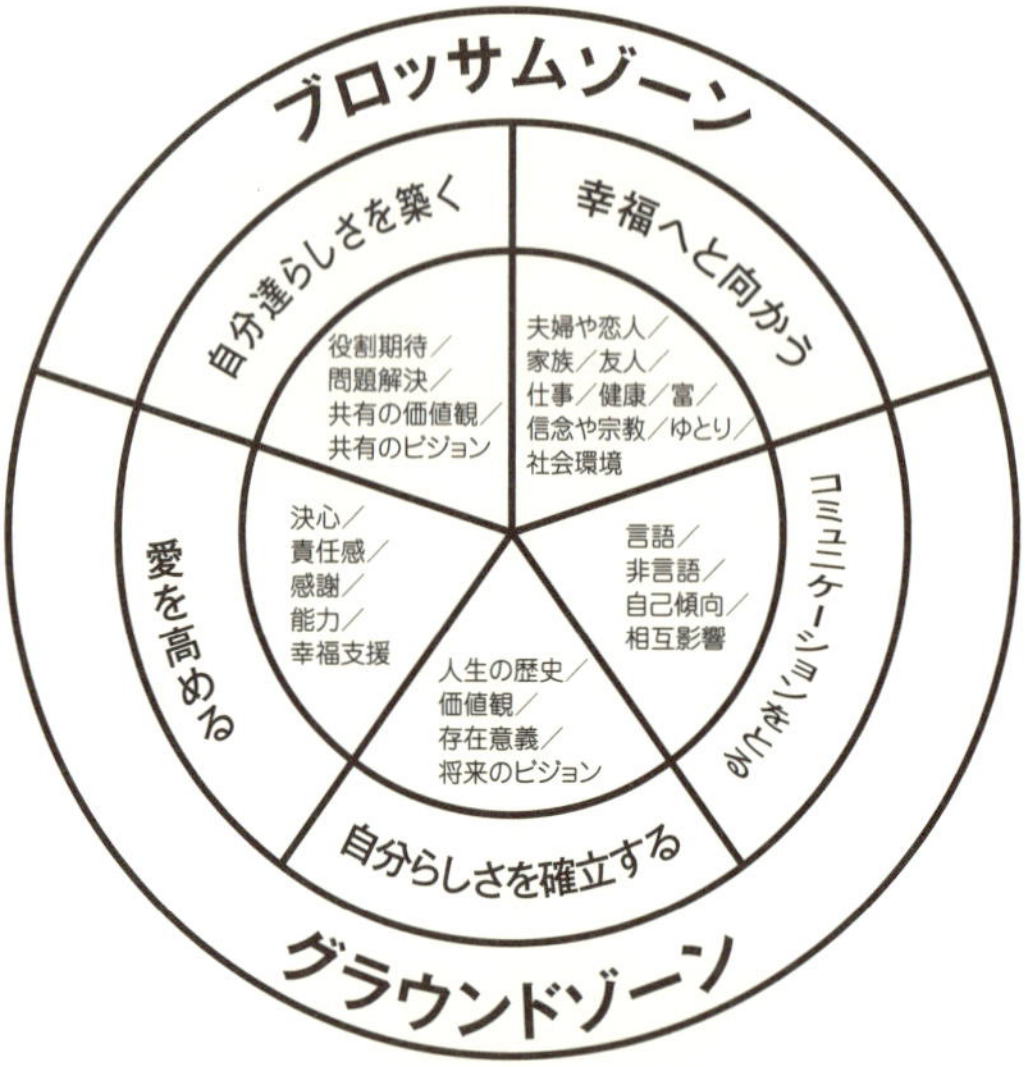

まず前半部分ですが、パートナーと愛し合うためには、男女がそれぞれに自己を築かなければなりません。一人ひとりの取り組みが、二人の愛の基盤となるのです。そこでこの領域を、木々が豊かな土壌から養分を吸い上げて成長していくイメージになぞらえて、「グラウンドゾーン」と名づけました。土台となる土壌がしっかりしていないと、木々は大きく枝葉を広げられませんし、強風が吹けばひとたまりもなく倒れてしまうでしょう。

愛も同じです。それぞれが基盤となる自己を確立していてこそ、高め合っていけるのです。相手に寄りかかっているような状態では、二人ともグラグラしてしまいます。ひどいときには共倒れになってしまうでしょう。

では、このグラウンドゾーンを強固なものにするには、いったいどうしたらいいのでしょうか。私は「自分らしさを確立する」「愛を高める」「コミュニケーションをとる」の三つが不可欠だと思いました。そこで、グラウンドゾーンをこの三つのゾーンに分け、それぞれを充実させる方法を考えていったのです。

一方、「自分達らしさを築きながら、幸福へと向かう」という後半部分については、豊かな土壌で育まれた木々が、やがて花を咲かせ実をつけるイメージになぞらえて「ブロッサムゾーン」と名づけました。さらに、このゾーンを「自分達らしさを築く」「幸福へと向かう」二つのゾーンに分けることによって、よりとらえやすくしたのです。

つまり、人生の定義は、グラウンドゾーンとブロッサムゾーンに分けられ、前者は「自分らしさを確立する」「愛を高める」「コミュニケーションをとる」という三つのゾーンから成り、後者は「自分達らしさを築く」「幸福へと向かう」という二つのゾーンから成り立つというわけです。

しかも、それぞれのゾーンにかかわる大切な要素を、さらに「因子」として細分化し、いっそうアプローチしやすくしました。

こうして、男女社会学は、漠然としていた愛と幸福という概念を、具体的な言葉に直して考えていくことによって、誰もが扱える愛の技術に昇華していったのです。

五つのゾーンは幸福への道しるべ

ここでは五つのゾーンの概要と基本的な考え方について簡潔に説明しましょう。はじめに全体像を把握していただいたほうが、より理解しやすいと思います。

男女社会学では「観点」というアプローチを大切にしています。これは、ものを見るときの視点という意味です。目のつけどころと言ってもよいでしょう。

私は各ゾーンにそれぞれ観点を設け、男女の問題が起こったとき、どのような角度から考えると問題の本質が分かり、解決しやすくなるか、を示しました。

トラブルが発生すると、人はどうしても主観的になり、激しい感情に流されてしまうものです。たとえば、パートナーとけんかすると、「彼は絶対に私のことを嫌いになったにちがいないわ」と悲観的に決め付けてしまうことがあります。

悩んでいるときはネガティブになりがちで、被害妄想も入り、悲観的になっていくのがふつうです。必要以上に疑念や非難を相手にぶつけたりするので、二人の仲はどんどんこじれてしまいます。こうなると、解決の糸口を見つけるのも大変ですね。

そんなとき、男女社会学の観点から物事を見ると、落ち着いて冷静に考えられるようになります。あなたも、友人や家族の意見を聞いて、ふだんの自分と違う視点で考えたときに、新たな風景が見えてきたり、自分の思い込みに気付いたりしたことはありませんか。男女社会学の観点の役割も、それに似ています。客観的になれるのです。

本書では、各ゾーンの因子の詳しい説明の後に「レッツ　トライ！」というコーナーを設け、観点に沿って考えられるように質問を載せています。上手に活用していただきたいと思っています。

◎グラウンドゾーン　自分らしさを確立する

失恋したとき、自暴自棄になっていっそう自分を傷つけてしまったことはありませんか？　そのようなことをしてしまうのは、このゾーンが揺らいでいるからです。

このゾーンの大きな観点は「ありのままの自分を肯定し、揺るぎない自分らしさを確立している」です。これができているかどうか、自分を振り返ってみましょう。

人を愛するためには、自分自身をしっかり持たなくてはなりません。揺るぎない「自分らしさ」があって初めて、パートナーの「その人らしさ」を受け入れられるのです。

このゾーンは、さらに「人生の歴史」「価値観」「存在意義」「将来のビジョン」の四つの因子に分解されます。

◎グラウンドゾーン　愛を高める
愛は自然に高まっていくものと思うかもしれませんが、それは大きなまちがいです。愛は、今自分が持っているだけしか与えられません。持っていないものを相手に与えることはできないのです。二人の愛を高めたいと思うのなら、それぞれが努力して自分の愛のキャパシティーを広げる必要があります。

このゾーンの観点は「パートナーへの愛を真摯に見つめ、さらに高めようと努力している」です。

ゾーンを構成する因子は「決心」「責任感」「感謝」「能力」「幸福支援」と五つあります。それぞれについて深く考察していくと、真の愛の姿が見えてくるでしょう。

◎グラウンドゾーン　コミュニケーションをとる

一方通行では愛とは言えません。愛し合う二人となるには、言葉によるやりとりだけではなく、愛を伝えようとするすべての行為において、適切なコミュニケーションをとることが大切です。

このゾーンの観点は「相手を気遣い、モノや気持ちを素直に分かち合う良好なコミュニケーションをとっている」です。因子は「言語」「非言語」「自己傾向」「相互影響」の四つです。

自分を知り、パートナーを理解し、十分なコミュニケーションをとるようにすれば、心と心がつながり、どのような苦難も二人で乗り越えられるようになります。

◎ブロッサムゾーン　自分達らしさを築く

自己を築いて愛し合うようになれば、今度は自分達らしさを築いていかなければなりません。他のカップルがどうであれ、自分達はこれが幸せなんだという確信の持てる独自のアイデンティティーを確立しましょう。

このゾーンの観点は「パートナーとともに揺らぐことのない自分達らしさを築いている」です。因子は「役割期待」「問題解決」「共有の価値観」「共有のビジョン」の四つです。それぞれの因子について二人が真実を伝え合い、共有のアイデンティティーができれば、むやみに傷つけ合ったりすれ違ったりすることがなくなり、理想的な関係を築けます。

◎ブロッサムゾーン　幸福へと向かう

幸福かどうかを決めるのは、ほかの誰でもなく自分自身です。ですから、愛し合う二人が幸福になるということは、二人自身が自分達の現状や将来に幸福を見出すということです。一般論や親、周囲からの期待は、あまり関係がありません。自分達が幸せだと感じられればそれでいいのです。

このゾーンの観点は「二人にとっての幸福が何かを知り、その幸福を感じられるように努力している」です。

因子として挙げられるのは「夫婦や恋人」「家族」「友人」「仕事」「健康」「富」「信念や宗教」「ゆとり」「社会環境」です。この九つの因子について、日々幸せを感じられるよう、自分に何ができるか考えてみましょう。

これらの五つのゾーンとそれぞれの因子は、どの順番で取り組んでもかまいません。愛を高めることで自然に自分達らしさがつくられていくこともありますし、二人が幸福に向かおうとする道程で愛が高まっていくこともあります。

各ゾーンは密接にかかわりながら、愛と幸福を求める人達の進むべき道を示してくれます。二人の状況や希望に応じて、どこからでも学んでください。

もちろん、シングルの人にとっても、男女社会学を学ぶ意味は大いにあります。過去の自分の傾向や今の自分のキャパシティーを分析することで、これから出会うパートナーを心から愛し、大切にできる自分を形づくっておくのです。

さあ、あなたも、男女社会学によって愛と幸福の現状を常に見つめ直し、揺るぎないものへと育てていきましょう。

第二章　パートナーシップの土台は自分磨き

～グラウンドゾーン～

自分らしさを確立しよう

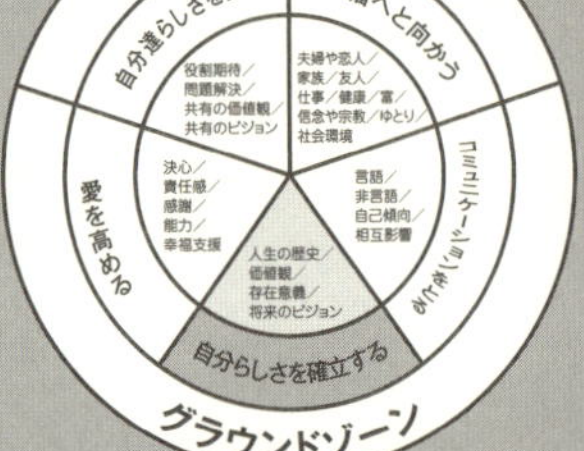

観点

ありのままの自分を肯定し、揺るぎない自分らしさを確立している。

自分らしさとは何だろう

グラウンドゾーンでは、パートナーと愛し合うために自分はどうすればいいかを考えていきます。愛が自然にあふれ出るのを待つばかりではなく、強い意志を持って取り組むことが必要なのです。

その第一歩として、自分のアイデンティティーを確立することが大切です。

アイデンティティーは、日本語では「自己同一性」とか、「自我同一性」などといわれます。簡単にいえば、「揺るぎない自分を持っている」ということです。逆に言うと、アイデンティティーがない状態では、すぐ他人に流されたり、自分に自信が持てなかったり、自分の感情がよく分からなかったりします。このような不安定な状態では、パートナーと向き合って愛を高めていくのは難しくなります。

つまり、愛し合い、充実した人生を送る初めの一歩は、自分をしっかり持つことなのです。

でも、意外なほど、アイデンティティーを確立できていない人は多いものです。

★ あなたはどういう人間でしょう?
★ あなたは生きていくうえで何を大切にしていますか?
★ あなたはこれからどのように生きていこうと思いますか?

こう聞かれたとき、あなたはすぐに答えられるでしょうか?

あらためてこのように聞かれると、たいていの人はしどろもどろになってしまいます。忙しい現代人は日々の生活で精一杯で、このような根源的なことを考える機会もなく過ごしてきているものです。

「えっ！　突然そんなこと聞かれても……。私ってどういう人間なんだろう。よく分からないわ。私って何？」

こう思ったら、自分の心の中を静かに見つめてみましょう。

アイデンティティーを確立するということは、「自分はこんな人間だ。これからこうして生きていこう」という、自分なりの答えをしっかり見つけることです。これが「自分らしさ」につながります。

自分らしさの確立が必要なわけ

私達は他人に対しては、あの人は頑固だとか、やさしいとか、真面目だとか、無意識にさまざまな評価をくだしています。しかし、自分についてはなかなか客観的に見られません。他人に指摘されて初めて、自分にはそういうところもあるのだと気付くこともしばしばです。

もっとも、他人の指摘は的確なこともあれば、的外れのこともあります。鵜呑みにする必要はありません。他人にどう見られるかばかりを気にして、ひたすら周りに合わせている人は少なくありませんが、それで自分らしいと言えるでしょうか。

いい人を演じ続けて疲れてしまったり、やりたくないのにNOと言えずに引き受けて後悔したり……。こんな経験はありませんか？

なぜ、あなたはそうするのでしょう？　周りの人に好かれたいから、いい人と思われたいから。

NOと言ったり本心を率直に伝えたりすると、みんなに嫌われてしまうに違いないと思いこんでいるのです。

自分に自信がないと、他人の評価が気になり、堂々と振る舞うことができません。他人の期待に沿って偽りの自分を演じ続けざるを得ず、本当の自分とのギャップに悩むことになります。他人に気を遣い、合わせているだけで、確固たるものは何もないので、心はいつも不安でいっぱいです。

誰かに強く主張されるとすぐに意見を合わせ、常に自分を押し殺して生きていくのでは借りものの人生になってしまいます。それでは生きている実感がなく、やる気もわかなくなりがちです。こういう人は、つまらない人生、つまらない私と、自分を卑下することが多いので、その意見や存在は他人からも尊重されにくくなります。

自分で自分を大切に思えないのに、他人が自分を大切にしてくれるものでしょうか。あなたは本当にそのような人生を選びたいのでしょうか。

逆に、自分に自信があるとどうでしょう。

自信とは「自分を信じる」と書きます。揺るぎない自分らしさを持ち、「これが私だ」「この私がよいのだ」と思えたとき、自信が生まれるのです。つまり、自分らしさを確立していると、自分を肯定できるようになるのです。

自信はさらに、「これからもこの自分でやっていける」という自己信頼感や「私は社会にとって意味のある人間だ」という有能感を生み出します。

自分を信頼しているからこそ、高い目標にチャレンジしたり、積極的に物事に取り組んだりできるのです。生き生きと活動するあなたは魅力にあふれ、さまざまなチャンスに恵まれるでしょう。もちろん、恋愛にも――。

人生をエンジョイしたい、生きがいのある人生を送りたい。そう願うのなら、自分らしさを確立することが何より大切です。

自分らしさの確立と愛との関係は?

自分らしさの確立と人を愛することとは密接な関係があります。

自分らしさが確立しておらず、自分に自信が持てない人は、常にパートナーの顔色をうかがい、相手の感情に振り回されがちです。嫌われないように振る舞うことに心を砕き、いつも愛されているかどうかを試さずにはいられません。自己評価が低いため、他人に認めてもらうことでしか、自分の価値や存在意義を見出せないからです。

このような人は、主体的にパートナーを愛することは難しいでしょう。愛にしがみつき、愛を与えられることだけに全神経を集中させてしまうからです。すべてパートナーまかせですから、パートナーの言葉や態度に、一喜一憂せざるを得ません。いつ愛を失うか、ビクビクして日々を送らなければなりません。これが本物の愛と言えるでしょうか。

一方、自分らしさを確立している人は、ありのままの自分を素直に受け入れて愛しています。だからこそ、パートナーのことも同じように愛し、尊重できます。二人の意見が異なるときにも適切な話し合いを持ち、よりよい未来を引き出すことができます。このような二人は、互いに揺るぎない愛を与え合い、幸せに向かってまっしぐらに突き進んでいきます。二人の人生は愛と幸福に満ちたものになるでしょう。
あなたはどちらの人生を選びますか？

自分らしさを確立する方法とは？

自分を肯定し、自分を愛せるようになるだけでも人生は光り輝くはずです。そのうえ、愛するパートナーと手を携えて幸福に向かって旅立てるのなら、こんなにすばらしいことはありません。

では、自分らしさを確立するには、具体的にはどうすればいいのでしょうか。「自分らしく」「自分らしく」と呪文のように唱えても、身に付くものではありません。一番いいのは、次の四つの視点から自分を見つめ直し、考えを深めていくことです。

★ 人生の歴史
★ 価値観
★ 存在意義
★ 将来のビジョン

まず過去の自分を振り返って、今の自分を形づくっているものを知り、すべてを受け入れましょう。次に、自分にとって大切なことは何か、はっきりさせましょう。さらに自分の役割について考え、将来のビジョンを描いてみるのです。

これらの四つの点が明確であればあるほど、自分に対する理解が深まり、「自分は何者か」という問いに自信を持って答えられるようになります。

「価値観についてはきちんと答えられるけれど、存在意義なんて考えたこともなかった」という人もいれば、「過去なんてどうでもいいわ」という人もいるでしょう。

でも、自分らしさを確立するためには、どの点も欠かせません。一度にすべての答えを出す必要はありませんが、自分とじっくり向き合い、一つ一つ自分の心の声を聞いていきましょう。大切なことは自分について考える時間をもつことです。

すでに自分のなかで答えが出ている点については再確認する機会となり、言葉にしてみることでますます強固なものとなります。初めて考察する点については、この内省のプロセスを通して、それまでは意識しなかった心の深い部分からの気付きを得るでしょう。これらの気付きによって、自分らしさを確立できるのです。

レッツ　トライ！

では、あなたはどういう人でしょうか？　例のように「私は○○」という形で列挙してみてください。自分に正直に、できるだけ多く書き出してみましょう。

例

★私は責任感が強い。

★私は調子に乗りやすい。

★私は負けず嫌い。

★私は素直じゃない。

さて、いくつぐらい書き出せたでしょうか？　あらためて書いてみて、意外な自分の一面に気付いて驚いた人もいるかもしれませんね。

二十個ぐらいスラスラと書けた人は、かなり自分と向き合っていて、自分らしく生きているといえます。

なかなか書けなかった人は、自分を素直に受け入れていないのかもしれません。いつも自分の気持ちを押し殺しているところがないでしょうか？　これを書くのは恥ずかしいとか、こう思われては困るとか、他者の目を意識しませんでしたか。

ちょっと格好悪いあなたも、ネガティブなあなたも、見栄っ張りなあなたも、みんなあなた自身なのです。誰にだって欠点はあるのです。自分にうそをつかないで、まずはありのままの自分をまるごと認めてあげましょう。

自分らしさの因子① 人生の歴史

観 点
自分の過去をすべて受け入れ、これからの人生にどう生かしていくかが明確である。

自分らしさを確立するために、まずは過去を振り返ってみましょう。

あなたは、突然今のあなたになったわけではありません。生まれてから今日に至るまでの、さまざまな経験や多くの出会いが現在のあなたをつくり上げたのです。過去を知ることとは自分のルーツを知ることです。

楽しかったこともあれば、思い出すのもつらいような出来事もあったかもしれません。恥ずかしくて忘れてしまいたい過去もあるでしょう。

でも、どの体験も、ほかの誰のものでもない唯一無二のあなただけのものです。

プラスの思い出は、自己肯定感や有能感を高めてくれます。何が自分をいい方向に導いてくれたのかを考察して今後に生かせば、あなたはさらに充実した人生を歩めます。

つらい出来事や失敗、恥ずべき経験はどうでしょうか。そこから教訓をくみとることはできないでしょうか。その教訓を自分の糧にして明日につなげることができれば、嫌な過去もかけがえのない意味を持つようになります。

駄目だった自分のことなんて忘れ去りたいと思うかもしれませんが、一度きちんと向き合って学習してこそ、きっぱり決別することができるものです。過去の自分を責めたり悔やんだりするのはやめて、そこからの学びを未来の自分に生かすのです。

過去は、あなたのことを知り、磨いていくためのヒントの詰まった宝の山です。一つ一つ丁寧に思い出し、書き出してみることで、とことん味わってみてください。

カウンセリング① 自分に自信が持てない

A子さんは三十二歳のワーキングウーマンです。十年にわたってシステムエンジニアとして頑張ってきました。でも、プロジェクトの一員として会社に貢献できているかどうか不安でいっぱいです。自分には能力がないのでは？ 転職したほうがいいのでは？ と思い悩む日々です。

「自分が駄目だ、駄目だとおっしゃっていますが、本当にそうでしょうか？ ちょっと今までの人生を振り返ってみませんか？」

「人生っていったって、すんだことを話して、いったい何になるんですか？ 私は今の仕事について悩んでいるんです」

「実は、不安な気持ちは過去とも深い関係があるのですよ。まずは少し振り返ってみましょう」

「……。私は小さいとき、いじめられっ子でした。そのときのつらい気持ちを思い出すのはいやなんです。同窓会にも行きません」

「なぜ、あなたはいじめられたのでしょう?」

「分かりません。ある日突然、おまえは臭いからあっちへ行けって言われて、仲間はずれにされてしまったんです」

「それはつらかったですね。そのとき、あなたはどうしたんですか?」

「涙をこらえてひたすら我慢していました」

「まだ小さかったから、どうしようもなかったんですよね。今、あなたが理不尽ないじめにあったらどうしますか?」

「うーん、分かりません。昔からはっきりNOが言えないから、また我慢してしまうかも」

「あなたは、自分の思いをきっぱりと伝えるのが苦手なんですね。もしかして、自分を低く見積もりすぎているのではないでしょうか?」

「実際、私なんて駄目なんです。就職してすぐのときには大失恋をしたし、もう、いやなことばっかり。全部忘れたいんです」

「本当にいやなことばかりですか? うれしかったことや楽しかったことは何もあり

ませんでしたか？　思い出してみてください」

「そうですね……。中学生のころ、夏休みの自由研究でセミの生態を観察したんです。それが金賞になってすごくうれしかったですね。毎日、暑い中、じっと観察しなくちゃいけなくて、けっこう大変だったんです。校内の賞だから大したことはないんですけど、両親も喜んでくれました。高校時代も部活に明け暮れて、きつかったけど楽しかったです」

「ほら、いいこともあったではないですか。何の部活だったのですか？」

「吹奏楽部です。うちの高校はかなりの強豪で、私は大会には出られない二軍でした。一軍に上がりたくて必死に練習したけど駄目でした」

「でも、必死にやったから楽しかったんですよね。中途半端にやったのなら、充実感もないし楽しくもないと思いますよ。あなたは頑張り屋さんですね」

「うーん、結果は出ませんでしたが、そう言われてみればそうかもしれません」

「昔いじめられたときに、何か思ったことはありませんか？」

「……私は他人にこんなひどいことはしない、と決心したのは覚えています」

「そうですね。こうした思い出があなたの原点になっているのかもしれませんね。そのときのつらい経験があなたを鍛えて、仲間にやさしくできるあなたや、頑張り屋さんのあなたにしてくれたのではないですか？」

「そういう見方もできるかもしれません」

「どんな経験でもプラスにならない経験はありません。すべての経験が、あなたをここまで導いてくれたのです。私なんてと言わず、あなたの価値に気付いてください。もっとあなたは尊重されていいのです。あなたはコツコツ努力できる人です。それも一つの才能です。今の会社でもその才能が発揮できるように、もう少し頑張ってみませんか。急に考え方を変えるのは難しいかもしれませんが、自分を否定するのではなく、よいところ探しをしてみてください」

「そうですね。できるだけそのように心掛けます」

「それが新たなあなたの第一歩になると思います」

レッツ　トライ！

自分の人生を振り返り、次のようなことを書き出してみましょう。

★これまでにあなたが体験してきたこと。
★人や物、趣味など、印象深いさまざまな出会い。
★これらの体験や出会いを通して、あなたが得たこと。
★これらの体験や出会いを通して、あなたが学んだこと。
★これらの体験や出会いが、あなたにとってどんな意味があったのか。

どうでしたか？　さまざまな出会いや体験があなたに与えてくれたもの、あなた自身がまわりの人に与えたものに気付けたでしょうか。

どんな体験だったとしても、「あのことがあったから、今の自分がいる」と過ぎ去った過去をとらえ直すことによって、すべてを人生の糧として生かせるようになります。

自分らしさの因子② 価値観

観 点
生きる上で自分が大切にしている価値観が明確である。

あなたは何を最優先にしているでしょう？ あなたが大切にしているものは何ですか？

夫婦が離婚するとき、その理由として「価値観のずれ」が、よく挙げられます。「価値観」は、二人の関係を左右する、もっとも重要なポイントといえるかもしれません。

逆にいうと、自分の価値観がはっきりしていないと、どんなパートナーを選べばいいのかも分かりません。

自分の価値観なんてよく分かっていると思われがちですが、それは意外に不安定だったり、表面的なことばかりだったりするものです。周囲の価値観を自分のものと思いこんでいることもあります。

人の価値観は、社会通念や他人の言葉、時代、風潮、文化などの影響を受けやすいものです。

たとえば、日本がバブル経済のころには、女性が結婚相手に求める条件は三高といわれていました。つまり、「高学歴」「高収入」「高身長」を、皆が求めているといわれていたのです。しかし、バブル経済崩壊後は、それはあまり言われなくなりました。

このように、価値観は時代の流れとともに少しずつ変化しています。

価値観は、生きてきたプロセスの中で、環境や経験の影響を受け、知らず知らずのうちに形成されてきたものだけに強固なものです。簡単にパートナーに合わせることはできませんし、他人に押し付けてよいものでもありません。

まずは、自分がもっとも大切に思うことは何かを、明確にしておきましょう。それがはっきりしていないと、パートナーとなる人と価値観が合っているかどうかの判断もつきません。交際中に、あるいは結婚生活を営む中で、何となくパートナーとのずれを感じても、うまく意見をまとめ、話し合うこともできないでしょう。

人生の岐路に立ったときも迷ってばかりいて、自信をもって選択できません。そればかりか、パートナーや家族、友人など、自分に大きな影響を与える人達の意見に流されてしまうこともあります。

常に流されていると、十分な満足感や喜びが得られず、生きていく意味も分からなくなってしまいます。

このようなことにならないために、自分の価値観をしっかり持つことが大切なのです。その際に心掛けたいことは、風潮や他人の考えなどにまどわされないことです。価値観は一人ひとり異なっていていいのです。こんなことを大切にするなんて恥ずかしいなどと思う必要はありません。自分の気持ちに正直になりましょう。

ただ漠然と考えていても、なかなか答えは見つけられません。できるかぎり具体的に、どういう状態なら「満たされている」「楽しい」「充実している」と思えるかを考えましょう。これまでの経験を振り返って、どのようなときに充実していたのか思い出すことから始めるのもいいでしょう。

こうして、独自の価値観をしっかり確立すると、主体的な選択や行動ができるようになり、人生が輝いてくるはずです。

今一度、自分の心に聞いてみてください。「真に自分にとって大切なものは何?」と――。

カウンセリング② 彼に振り回されて疲れてきた

B子さんは三十四歳のワーキングウーマンです。三歳年下の彼と付き合い始めて十カ月になります。一番楽しい時期であるはずなのに、彼に振り回されることが多く、正直疲れてきました。どのように付き合っていけばいいのか、悩む日々です。

「クリスマスは彼と一緒に過ごせると思っていたのです」

「それはそうでしょうね。カップルは大抵そうするのではないでしょうか」

「そうですよね。初めて彼と迎えるクリスマスなんです。何をプレゼントしようか、彼の喜ぶ顔を思い浮かべながら、私はいろいろリサーチしていました。彼もきっと同じ思いで、プレゼントを選んでくれているだろうし、当日はすてきなレストランに連れていってくれるんじゃないかって、期待してたんですよ。ところが昨日になって、彼は突然、『そうそう、おれ、クリスマスごろ、友達と一緒にスキーに行くことにしたわ。今年は連休になってラッキーだよな』とあっけらかんと言うんです」

「あらら。スキーのこと全然聞いてなかったんですか？　それはちょっとひどいですね」

「でしょ？　もうショックで、『なんで勝手に決めちゃうの。一緒に過ごそうと楽しみにしていたのに』って怒ったんですよ。そしたら『クリスマスは恋人と過ごさなくちゃいけないと決まっているわけじゃないだろ。そんなの商業主義に踊らされているだけじゃないか。デートはいつでもできるんだから、いちいち文句言うなよ』と、彼も不機嫌になってしまって……」

「なるほど。スキーに行くなら行くで『クリスマスごろに行こうと思うんだけど』と、あらかじめ、言ってくれればよかったんですよね」

「そうなんです。そしたら私もほかの予定を入れたのに。ワクワクしてスケジュールを空けて待っていた自分がバカみたいで。たしかに、そのスキーの日程以外には結構デートに付き合ってくれますし、デートをしているとすごく楽しいんですけど……」

「どうしても、もやもやした気持ちは残ってしまいますね。あなたは、初めてのクリスマスというイベントを大切に考えていましたからね」

「はい。そういえば、彼は、デートのときにお金をほとんど払わないんです。私のほうが収入が多いから、と言って。これって普通ですか？」

「さすがに、ほぼすべてをあなたに負担させるのは、甘えすぎているように思いますね」

「そうですか……。私は彼とどのように付き合っていけばいいでしょうか」

「とにかく『あれ？』と思ったときには話し合ってみましょう。相手を責めたり怒ったりするのではなくて、『私はこう思っているのだけど、あなたはどう？』と聞いてみてください。想い合っている二人であっても、その価値観には、ずれている部分があります。自分が普通だと思っていることが相手の普通だとは限らないんですね。あなたがデートを割り勘にしたいという考えなら、それをしっかり伝えてみましょう」

「でも、そういうふうに言うと怒るんじゃないかと思うんです」

「もしかしたら怒るかもしれませんね。でも、いつも黙って我慢してしまうと、彼はあなたが不満に思っていることにも気付かない可能性がありますよ。あなたが何も言わないと、彼はあなたが何を考えているのか分からないですからね」

「たしかに、彼は、私がこんなに悩んでいることにも全然気付いていないと思います」

「まずは、あなた自身が、自分の考えていることを整理してみたら良いのではないでしょうか。何を大事にしていて、どういうことが好きなのか。そして、どういうことは許せないのか。自分の価値観がはっきりしてくると、徐々に意見も伝えられるようになりますよ」

レッツ　トライ！

自分の価値観を明確にするために、次のようなことを書き出してみましょう。

★あなたを夢中にさせたりワクワクさせるのは、どんなことですか？　あるいは過去にあったとしたら、どんなことでしたか？

★あなたが心の底から喜びを感じるのはどんなときですか？

★どうしてもこれだけはやってみたい、ということがありますか？

★どうしてもこれだけは受け入れられない、ということがありますか？

★もし、どんな人にでもなれるとしたら、あなたは誰のようになりたいですか？

★もし、あなたがあと一カ月間しか生きられないとしたら、最後に何をやりたいですか？

自分らしさの因子③　存在意義

観点
役割を通して社会や人の役に立つことで、自分の価値を見出している。

人は生きているかぎり、さまざまな役割を果たします。社会生活や日常生活の中でいろいろな役割を受け入れ、担っていくのが人生といっても過言ではありません。

今、あなたが担っている役割とはどんなものでしょう？　職場で、家庭で、地域で、趣味のサークルでなど、よく考えてみると、いくつもの役割を果たしていることに気付くはずです。

誰もが複数の役割を持っており、それぞれの役割を懸命に果たすことによって、自分の存在意義を見出しています。

誰かから期待され、それに応える喜びが、生きる活力を与えてくれているのはまちがいありません。

たとえば、あなたが職場で責任ある立場にあるのなら、リーダーシップを発揮してメンバーを応援し、プロジェクトを成功に導こうとするでしょう。それがあなたに期待されている役割だからです。あなたが既婚者なら、よき妻として、パートナーとともに居心地のよい家庭をつくろうとするでしょう。

人間は、誰しも人の役に立ちたいという根源的な欲求をもっています。自分の行動や言葉によって周りの人が喜んでくれれば、自分もうれしいのです。相手に一言「ありがとう」と言ってもらえれば、苦労が吹き飛びます。自分の存在価値を認めてもらえたように感じられてうれしいからですね。

まずは、自分に求められていることは何か、きちんと把握しましょう。そこがずれていたり、まったくの勘違いであったりすると、自分では必死にやっているつもりなのに空回りするだけ、ということになってしまいます。

次に、どうすれば人の役に立ち、社会に貢献できるか、あなたなりの方法を考えましょう。パーフェクトに役割をこなそうと、頑張りすぎないようにしてください。なにしろ、たくさんの役割があるのですから、すべてを完璧にと思うと疲れ果ててしまいます。また、相手の期待が大きすぎることもあります。相手の期待に沿うことだけを考えるのではなく、あなたはどうしたいのか、どのような役割を担いたいのかを、主体的に考えることも大切です。それがあなたらしく生きることにつながります。

カウンセリング③　頑張ってるのに評価されない

C子さんは三十五歳のワーキングウーマンで、マーケティングの仕事をしています。自分ではチームの誰よりも頑張っているつもりなのですが、チームリーダーの評価が低いような気がしてなりません。

「一生懸命頑張っているのですが、どうもリーダーに認められていないような気がして不安なんです」

「どういうふうに頑張っているのですか？」

「……私が一番熱心に販売店に足を運んでいますし、マーケティングについての勉強もしています。残業もいとわず毎日のようにやっています……」

「なるほど。たしかによく頑張っていますね。すばらしいと思います。ただ、あなたに求められている役割を果たせているかどうか、もう一度働き方を振り返ってみる必要はないでしょうか？」

「役割ですか？」

「そうです。そのチームの中で、あなたに与えられた役割や、果たすべき業務があるはずです。今までに、リーダーに何かアドバイスされたり、指摘されたことはありませんか？」

「……、そういえば、あちこち動き回ればいいってものじゃないのよ、とか、独り善がりになっちゃダメと、言われたことがあります」

「どういうときにそう言われたのか思い出してみてください」

「そうですね……。私はがむしゃらにやりすぎるところがあって、とにかくじっとしていられないんです。担当の製品がどれだけ売れたのか、どういう人が買っていったのか小まめにチェックして……」

「それがあなたのメインの業務なのですか？」

「いえ、それも業務の一つではありますけど、それらの結果を基に、販売戦略を練るのが主な仕事です」

「では、あなたに求められているのは、調査・分析した結果に基づいて、より有効なアプローチの方法を考えることですね？」

「そうです」

「その部分についてはどうなんでしょう？」

「もちろん、ユーザーにより強く訴えかけられるような方法はないか懸命に考えて、どんどん企画を出しています。戦略会議のときは熱くなって、私の企画に反対する人をやりこめてしまうこともよくあります」

「あなたにとって最も大切なことは、自分の企画を通すことですか？　製品をより多く売ることではないのですか？」

「……、そうですね。自分をアピールしたいという思いが強すぎたのかもしれません。チームの中では、リーダーの次にキャリアが長いし、現場をよく知っているという自負もあります」

「自負を持つのはいいことです。でも、むきになって相手を言い負かすより、みんなをうならせるような斬新なアイデアを出したり、キャリアを生かして的確なアドバイスをしたほうが、あなたの評価は上がるのではないでしょうか？　あなたに期待されている役割は、そういうことではないのですか？」

「たしかにそうですね。自分を認めてほしいと思うあまりに、暴走気味だったかもしれません」

「チームが一丸となって成果を出すのが一番いいのではないでしょうか」

「はい、その観点からもう一度、自分の働き方を見つめ直してみたいと思います」

レッツ　トライ！

自分の存在意義を見出すために、次のようなことについて書き出してみましょう。

★日常生活の中であなたはどんな役割を持っているでしょう。

★その役割を果たすために、どんなことを心掛ければいいでしょう。

★社会に貢献するために、自分に何ができるか考えてみましょう。

★身近な人の役に立つために、あなたはどんなことを実行していますか？

自分らしさの因子④　将来のビジョン

観点
自分が実現したい具体的な夢や目標を持っている。

あなたは将来どんな自分になりたいと思っていますか？　夢や目標がありますか？「そんなことを考えたって、どうせ無理に決まっている」「私は今のまま無難に仕事を続けていければそれでいいわ」などと思っていませんか？

そうして自分で自分の限界を決めてしまったり、可能性あふれる未来を閉ざしてしまったりすることに、メリットはあるのでしょうか。あなたが何歳だったとしても、今から始められることはたくさんあるはずです。

今の生活を何となく続けていくより、夢を持って生きていくほうがずっと楽しくありませんか?

ただし、漠然と「成功したい」とか「大金持ちになりたい」とか願うだけではかないません。どんな夢も一足飛びには実現できません。将来そうなりたいと思うのなら、では手始めに何をすればいいか、具体的なプランを立ててみましょう。夢に向かって一歩、一歩、近づいていくプロセスそのものが、あなたに大きな喜びを与えてくれるでしょう。

たとえば、あなたはかねてから、フィンランドでオーロラを見たいと熱望しているとしましょう。「よし、絶対に見に行くぞ!」と、あなたは決心しました。その瞬間から、あなたの旅は始まるのです。

フィンランドやオーロラについて、あなたはさまざまな情報を集めるでしょう。どういう旅程にしようか、費用は? 服装は? 持ち物は? 時期は? ホテルは? さまざまな準備が必要です。もし、お金が足りないようなら、なんとかして捻出しなければなりません。節約したり、休日にアルバイトをしたりしようと思うかもしれません。

インターネットで口コミを調べ、オーロラの写真をながめ、パンフレットや旅行雑誌を読んではワクワクドキドキ——。

「行こう！」と決めて行動し始めたときから、あなたの気持ちは高揚して、充実した日々を送れるのです。

ですから、幸せになりたいのであれば、まず、「絶対に幸せになろう！」と決心しましょう。次にどんな自分であれば幸せだと感じられるか、具体的にイメージしてみてください。

自分や家族、仕事などについて、未来の理想図を描いてみるのです。こんな夢を持つなんて恥ずかしいとか、自分には到底無理だとかいう気持ちは脇に置いて、思いつくものをすべて挙げてみましょう。

こうして夢や願いを言葉にしていくうちに、本当に自分が欲しいもの、実現したいものは何か、分かってくるでしょう。それがはっきりすれば、これから何をすべきか、何を考えるべきかも明確になり、実現に向けての具体的なプランが立てられます。そのプランに沿って一歩ずつ前進していけば、あなたのビジョンは現実のものとなるはずです。

カウンセリング④　友人の活躍がうらやましくて仕方がない

D子さんは、三十六歳のフリーライターです。取材に駆け回り、それなりに充実した日々を送っていました。たまたま高校時代の同窓会があり、久しぶりに旧友のマナミに再会しました。同時通訳者として活躍しているというだけに、さっそうとセンスのよいスーツを着こなしています。マナミを見ているうちに、垢抜けない自分がみすぼらしく思えてきました。それから、落ち込むことが多くなったのです。

「あの冴えなかったマナミがバリバリ仕事をしていて、すごく格好よくなっていました。それに引き比べ自分はと思うと、うらやましくて、妬ましくて、苦しいんです」

「あなたもフリーライターとして活躍しているのに、どのあたりがうらやましいのですか？」

「高校時代は私のほうが成績もよくて目立っていたんです。大学だって私は有名大学に進学しましたが、彼女はそこそこのところです。でも、彼女は昔から英語が好きで、英語を使う仕事がしたいと言っていました。はじめは翻訳の仕事をしていたようですが、たいして稼げず、一念発起してアメリカに留学したのです。あれから十年で、ここまでになるなんて」

「マナミさんは、自分の夢を実現するために努力されたんですよね。あなたも、ライターになりたくてなったのではないんですか？」

「まあそうですが、本当はミステリー作家になりたかったのです。でも、私にはエンターテイナーとしての才能はなさそうだし、生活していくために、仕方なくフリーライターになったんです」

「あなたにその才能がないって、誰が言ったのですか？」

「いえ、自分でそう思うだけです。売れているミステリーを読むと、私にはとうていこんなストーリーは作れないと思うのです」

「書いてみたことはあるのですか？」

「いいえ」

「だったら、才能があるかないかなんて分からないですよね。ただ、自分で駄目だと決め付けているだけで」

「まあ、そうですけど」

「マナミさんのどこが一番うらやましかったのか、よく考えてみてください。うらやましいという気持ちの裏に、あなたの夢がひそんでいるのではないですか？」

「一番うらやましかったのは……、マナミが成功してバリバリ活躍していることです」

「あなたはまだ三十代ですよね。これからでも遅くはないでしょう？　マナミさんのように一歩踏み出してみたらどうですか？」

「でも、勉強すれば作家になれるというものではないし、才能がないとどんなに努力しても駄目だと思うんです」

「まだ何も努力していないのに、なぜはじめから自分の可能性を閉ざしてしまうのですか？」

「……、必死にやってもできなかったら格好悪い、と思っているのかもしれません」

「失敗したからといって、何か失うものがあるのですか？　困難なことであればあるほど、やりがいがあるじゃないですか。簡単に手に入らないから、ワクワクするんじゃないですか？」

「それはそうかもしれません。よく考えてみると、マナミがあきらめずに自分の夢を追い続けたことが、格好いいと思うんです。私もそうありたいのに、無難な生活によりかかって何も努力しないで言い訳ばかりしていました。そんな生き方って、すごく格好悪いですよね」

「今から、夢を追いかければいいじゃないですか。もし、うまくいかなくても、後悔しなくてすむでしょう。私は本当はミステリー作家になりたかったのよ、と最期に言いたくないでしょう?」

「はい、一回きりの人生ですから、思い残すことのないようにやってみます」

将来のビジョンが明確にある人と、なんとかなるだろうと漫然と生きている人とでは、何年後、何十年後に大きな差ができてしまいます。

夢を追いかけることは、あなたに生きがいを与え、人生にさまざまな彩りをもたらしてくれます。なりたい自分になるために、主体的に努力を重ねていけば、夢への扉はいつか開くでしょう。

レッツ　トライ！

将来のビジョンを明確にするために、次のようなことを書き出してみましょう。

★あなたはどんな自分になりたいですか？
★あなたの夢は何ですか？
★あなたの目標を挙げてみましょう。
★夢や目標を達成するために、やるべきことは何でしょう。
★もし、ここに魔法のランプがあって、願いが一つだけかなうとしたら、あなたは何を望みますか？

アイデンティティーは生涯、進化していく

自分のアイデンティティーを確立するには、「人生の歴史」「価値観」「存在意義」「将来のビジョン」などについて、考えを深めていくことが大切だということは、もうお分かりいただけたと思います。

アイデンティティーを確立すると、自分をありのままに受け入れ、尊重できるようになります。それが自信につながり、相手も同じように尊重できるようになるのです。

よく、誰かれ構わずけなす人や自慢ばかりする人がいますが、そういう人は本当は自分に自信がないのです。称賛されている人を見るとねたましく思い、つい悪口を言ってしまう人もそうです。自信がないから、他人を引きずり下ろして、少しでも自分が優位に立とうとするのですね。しかし、そうすればするほど周りの人に嫌われてしまいます。自分が認められることはありません。

逆に、アイデンティティーを確立している人は、自信にあふれているため、他人と自分を必要以上に比べることもなければ、他人を引きずり下ろすこともありません。いつも愛をもって人とかかわり、素直に相手を認められます。だから、みんなに受け入れられ、ますます自信がつき、さまざまなことに主体的に取り組めるようになります。

そうしているうちに、ふと新たな気付きを得るでしょう。

「ひょっとしたら、私はもっと違う側面を持っているのかもしれない」

「今の私にはもっと大きな可能性を感じる」

たくさんの出会いや経験によってあなたは成長し続け、新たな自分らしさを見出したのです。

人間は常に変化しており、成長を続けています。それに伴って、アイデンティティーも進化していきます。既存のアイデンティティーでは、現在の自分を十分に表現しきれなくなったと感じたとき、あなたはそこから脱皮して、さらに質の高いアイデンティティーを獲得するでしょう。

アイデンティティーは愛を生み出し、幸福へと向かうエネルギーの源になります。あなたにふさわしいものかどうか、常にブラッシュアップが欠かせません。

特に、次のようなときは、アイデンティティーを見直してみるといいでしょう。

★どうも自分らしさが発揮できないと思う場面が増えてきた。
★自分の新たな可能性に気付いた。
★アイデンティティーに影響を与える、人間関係や環境の変化が起こった。
★人生の歴史に変化が起こった。
★価値観に変化が起こった。
★存在意義に変化が起こった。
★将来のビジョンに変化が起こった。

あなたがあなたらしく生きていくために不可欠のもの、それがアイデンティティーです。生涯進化し続け、あなたの核となって人生を支えてくれるにちがいありません。

愛を高めよう

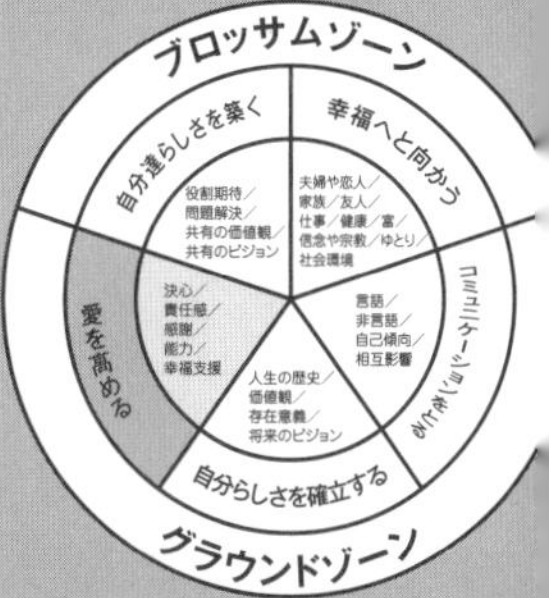

観点

パートナーへの愛を真摯に見つめ、さらに高めようと努力している。

愛には努力が必要

「愛とは？」と聞かれたら、あなたは何と答えるでしょう。

古今東西、さまざまな人が愛について語っていますが、誰が正しいとも間違いとも言えません。愛という概念に正解はなく、愛の形は人それぞれだからです。

ただ、このようなことは言えると思います。愛には、これでよしという終わりはないということです。現状に満足して高めるのを怠ると、それは愛ではなくなるのではないでしょうか。逆に、現状では小さな愛でしかなくても、努力を続けて大きく育てようとしているのなら、それは愛と呼べます。

つまり、愛においては、現状よりも将来に向けての姿勢のほうが、重要になるのです。というのは、そこにこそあなたの気持ちが表れているからです。努力しようという思いそのものが愛といえます。

人間の気持ちには必ず浮き沈みがあり、二人を取り巻く環境やそれぞれの成長によって、愛の形は微妙に変化していきます。

男女間の愛は移ろいやすいものなので、互いのたゆまぬ努力が欠かせないのです。

愛の五因子で自分の現状をつかもう

よく、「恋に落ちるのは一瞬だが、愛を育てるには時間がかかる」といわれます。愛と恋は似て非なるものです。恋は突然のときめきから始まる、一時的で一方的な感情です。愛はもっと大きく、永遠に続くものです。二人の思いが通い合うようになり、本物の愛へと深めていけるかどうかは、次の愛の五因子にかかっています。

★ 決心
★ 責任感
★ 感謝
★ 能力
★ 幸福支援

それぞれの要素について自分はどう思っているのだろう、と胸に手を置いて考えてみましょう。

すると、現在のパートナーに対する愛が一時的なものなのか、継続して高めていけるものなのかが分かるでしょう。

愛は目に見えるものではないし、量をはかることもできません。しかし、不思議なことにこの五因子に照らし合わせて考えてみると、自分がパートナーをどれだけ愛しているか、客観的に把握できるのです。

自分の現状が分かれば、今できることは何か、不足しているものは何か、これからどうしていきたいのか、なども明確になり、行動を起こせます。たとえば、パートナーへの感謝の気持ちが足りないのであれば、感謝の気持ちを持つように心掛け、言葉や態度で伝えればよいというわけです。

愛をより質の高いものにするには、努力と鍛錬が必要です。愛は技術的な側面も持っているのです。エクササイズをやるつもりで、日々取り組んでください。

レッツ　トライ！

愛について、あなたが思っていることや感じていることを書き出してみましょう。

★あなたは今、パートナーを愛していますか？

★あなたは今、パートナーから愛されていると思いますか？

★あなたはどんなときに愛を感じますか？

★あなたの思っている愛の形はどんなものですか？

★パートナーだけではなく、あなたが愛している人やモノをすべて書き出してみましょう。

★あなたは、その愛する人やモノにどんな気持ちを抱いていますか？

愛の因子① 決心

観点
パートナーを愛していこうと決心している。

「愛って決心するものなの？」

こう思われた方もいるかもしれませんね。ふと気がついたら愛していた、ということもあるかもしれませんし、親子の愛のように無条件にいとおしいと思うこともあります。

ですが、男女の愛を継続させていきたいのなら、基本的には「決心」が必要です。ここでいう決心とは、「自分はこの人を愛し続けるのだ」と思い定めることです。

一時的な激しい感情は長続きしません。誰だって全力で百メートルは走れても、十キロは無理ですよね。山あり谷ありの人生を二人で走り抜くのです。愛は短距離走ではなく、持久走だと覚悟してください。

もし、あなたがマラソン大会に出場するとしたら、はじめに「よし、完走するぞ！」と決心するにちがいありません。そして、練習を開始するはずです。少しずつ走る距離を伸ばし、コースを下見したり、いろいろなシミュレーションをしたり……。こうして入念に準備を整えても、いざ走り始めると、さまざまな困難に出くわすでしょう。

思いのほかコースのアップダウンが激しくて体力を消耗したり、日差しが強くて脱水症状に陥ったり、力尽きて倒れそうになるかもしれません。そんなとき、あなたを支えるのは、何よりも「絶対に完走するぞ！」という強い決意です。

愛もマラソンのようなもの。まず、「愛し続けるぞ！」と決意しなければ、強い絆はつくれません。そして、パートナーは伴走者のようなものです。相手が倒れそうになったら支え合い、励まし合って、ようやくゴールへ向かえるのです。

愛に迷いがあると、困難にぶつかったときやトラブルが起きたとき、すぐにギブアップしてしまいます。そういうときこそ、パートナーと力を合わせて乗り越えなければならないのに、パートナーや周りのせいにしてしまいます。これでは、本当の課題に正面から向き合うことができません。誠実に問題に取り組むには、強い決意が不可欠です。

しかし、もちろん、ただ決心さえすればよいというわけではありません。心の中で思っているだけでは、パートナーに何も伝わりません。それは愛がないのと同じです。

また、愛されるのが愛と思っている人がいますが、愛はただ待ち受けているだけの人にはやってきません。愛は自ら発信する能動的なものです。「愛されたい」と願うのなら、まずあなたが愛を注ぎましょう。

ただし、人は自分が持っている量の愛しかパートナーに与えられません。あなたが心に愛を持っていなければ、パートナーにあげられないのです。あふれるような愛を願うのなら、あなた自身がたくさんの愛をたくわえなければなりません。

手持ちの愛が少ないと感じる人は、愛する練習をしましょう。野に咲く可憐な花や小さな動物達、家族、親切な隣人、信頼できる友人、かわいい子ども達など、身近なものを慈しみ、感謝の気持ちを持ちましょう。こうして愛のタンクを満たすと、あなたの周りに愛があふれ出し、パートナーとの絆も深くなるでしょう。

カウンセリング⑤　愛があるのかどうか自信が持てなくなった

E子さんは、合コンで知り合った彼と、五年間の交際の末、結婚することになりました。本来なら幸せの絶頂にいるはずなのですが、結婚式を目前にして、これでいいのかどうか迷うようになりました。


「彼と一緒にいるだけで楽しい、という気持ちが薄れてきたように思うのです。以前は彼の顔を見ているだけで幸せだったのに」

「今は幸せを感じないのですか？」

「いいえ、そういうわけではないのですが、彼を本当に愛しているのかどうか自信が持てなくなりました。昔のようなときめきが感じられません」

「人の感情はいつも同じではありません。ときめきが五年間も持続するほうが珍しいのではないでしょうか。恋に落ちているときは、会いたくて会いたくてたまらないでしょう。声を聞くだけで、胸がキュンと痛くなったりするものです。でも、その気持ちが永遠に続いたりはしませんよね」

「それはそうですね。結婚して何年も経つと、空気のような存在になるって言いますものね」

「そうです。でも、空気のような存在だから必要ないというわけではないんですよ。空気は生きていくために、必要不可欠のものですよね。それと同じで、激しい情熱はなくなっても穏やかな愛情は続いて、なくてはならない存在になるのです」

「じゃあ、恋が愛に変化しつつあるということでしょうか」

「そうだと思いますよ。誰だって年月が経てば、一緒にいるだけで楽しくて楽しくて、という時期は卒業します」

「では、私の愛情がさめたというわけではないんですね」

「そうです。みんながそういう道を通るのです」

「ああ、よかった」

「彼を尊敬していますか?」

「はい、人間としてとても尊敬できる人です。価値観も似ているし、そばにいると安心できます」

「そういう人なら、ずっと愛していけるのではないですか？」

「そうですね。私が迷っているのがいけないのでしょうか」

「そうです。あなたが、一生涯この人を愛していこうと決心すれば、もやもやが晴れて、いっそう絆は深まると思いますよ。これからは人生のパートナーとして尊重し、愛を高めていけばいいのではないでしょうか」

「本当にそうですね。なんだか気持ちがすっきりしました。ありがとうございました」


恋は、もっと会いたい、もっと自分を見てほしい、もっと知りたい、もっと一緒にいたいなど、自分の願望や欲望が主体となっている感情です。この願望がかなうかどうか未知数なので、ドキドキワクワクするのです。

受験をして志望校に入れるかどうか、ドキドキハラハラしながら合格発表を待つ気持ちに似ています。受け入れてほしいけれど、どうなるか分からない。決定権は相手にあって、自分にはないのです。恋はひとつのチャレンジです。だからよけいに希望がかなったときの喜びは大きく、夢見心地になるのです。逆に期待が大きい分、破れたときには身も世もないほど嘆き悲しむことになってしまいます。

一方、愛は、パートナーに幸せになってほしい、パートナーに喜んでほしい、パートナーの役に立ちたいなど、主体はパートナーです。自分よりもパートナーを大切にする気持ちが前面に出るのですね。恋のようにエキサイティングな感情はないけれど、パートナーのすべてを受け入れ、寄り添いたいという、温かな気持ちです。ときめきやワクワク感は少なくても、安らぎや信頼感が得られ、穏やかに過ごせます。

ときめきを感じなくなったからといって、愛がなくなったわけではありません。愛は、愛することそのものが大きな喜びです。

常にハラハラドキドキしてジェットコースターのような人生を送りたい人は、恋を求め続ければいいでしょう。

幸福につながる確かな道を、穏やかに歩いていきたい人は愛を高めていきましょう。

レッツ　トライ！

あなたは決心しているでしょうか。自分の内面を見つめてみましょう。

★見返りを求めるのではなく、純粋に相手の幸せを願っていますか。
★パートナーがいなくては生きられないと、相手に依存する気持ちはありませんか？
★寂しさを愛で埋めようと思っていませんか？
★愛されることばかり考えていませんか？
★愛を感じ、愛を注ぐことに喜びを感じていますか？
★どんな困難があってもこの人となら乗り越えられると、確信していますか？
★愛を高める努力を続けていくと、自分に誓えますか？

愛の因子② 責任感

観点
パートナーのために責任感を持って行動している。

愛には当然責任が伴います。生涯のパートナーを選んだら、自分の人生だけではなく、パートナーの人生にも責任を持たなくてはいけません。自分がやるべきことを、誠実に果たしていきましょう。

では、やるべきこととは何でしょうか。もっとも大切なことは、愛し続けていくことです。そして、パートナーを幸せにすること、笑顔があふれる家庭にすること——。口で言うのは簡単ですが、実際にはかなり難しいことですね。

結婚するときは、誰しもバラ色の未来を描いています。この人と幸せになろうと決意し、永遠の愛を誓います。

でも、現実はどうでしょう。今では三組に一組は離婚するのです。価値観の違いや性格の不一致、経済的な問題、心変わり、病気など、さまざまな理由で別れます。表面上は破綻していないように見えても、心は離れてしまい、家庭内別居という状態に陥っていることもあります。そう考えると、ずっと愛を保ち続けているカップルのほうが少ないかもしれませんね。

このようなことになるのは、双方が責任を果たしていないからではないでしょうか。愛し続けると決めた以上はよそ見をしてはいけません。その人を選んだということは、逆にいうと、他のすべての選択肢を捨てたということです。パートナーに一心に愛を注ぎましょう。

結婚生活はささいなことの積み重ねです。精神的な面で責任を負うだけではなく、働いて家計を支える、育児や家事を分担する、地域コミュニティーと良好な関係を築くなど、さまざまな場面で責任が発生します。

責任は負わされるものではなく、自ら進んで引き受けるもの。互いに責任をまっとうしようと努力すれば愛は高まり、喜びに満ちた結婚生活になるでしょう。

カウンセリング⑥　夫の海外転勤についていくかどうか迷う

Ｆ子さんは三十六歳のエコノミストです。商社マンの夫と結婚して三年が経ちました。このたび、夫が中国に転勤になったのですが、自分のキャリアを捨ててついていくかどうか迷っています。

「夫はついてきてほしいと言っています。健康管理や精神的なサポートを望んでいます」

「あなたはどうしたいのですか？」

「私も健康面が心配ですし離れたくないのですが、今、仕事も乗っているところなので、せっかくのキャリアを捨てるのが惜しい気がして決断できないのです」

「たしかに仕事は大切です。でも、中国に行くのはマイナスと決めてかからなくてもいいのではないでしょうか」

「そうも思うのですが、数年空白ができると取り残されてしまいます。日本に帰ってきても、すぐにエコノミストとして復帰できるとはかぎりません」

「そうですね。でも、結婚生活では互いの歩み寄りが何より大切です。相手のために、何かを捨てたりあきらめたりしなくてはならないことは、次々に出てくるでしょう。でも、それをマイナスと考えるかどうかはその人しだいです。F子さんの場合も、中国に行くとまた別の世界が開けるかもしれないとは思いませんか？」

「それは思います。今、中国はもっとも成長している国ですから活気もあると思いますし、中国語や中国経済の勉強をするのはよい刺激になると思います」

「そうですね。中国に行けばさまざまな面でご主人をサポートできるし、F子さん自身にとっても人生の可能性を広げることになるのではないですか？」

「そうですね」

「夫のために自分のキャリアを捨てるというのではなく、未知の世界を知る一つのチャンスとポジティブにとらえてみてはどうでしょうか」

「そう思えば、なんだかワクワクしてきました」

「そうですね。結婚生活で一番大切なことは、ああしたいとかこうしたいとか自分の欲望を押し通すことではなくて、パートナーとともに充実した時間を過ごすことではないでしょうか」

「そうですね。離れ離れで暮らすのは寂しいです。そばにいてあげたいです。今、それが最優先だと気付きました」

「よかったですね。そうして一歩一歩歩み寄るごとに、愛は深まっていくと思いますよ」

レッツ　トライ!

責任感について、あなたが考えていることを書き出してみましょう。

★「パートナーに対しての責任」と聞いて、どんなことが思い浮かびますか?

★あなたはこうした「責任」を果たせていますか?

★果たせていないことがあるとしたらどんなことでしょう?

★なぜ、あなたは責任を果たせないのでしょう?

★責任感のある行動をしていくためには、どんな工夫が必要だと思いますか?

愛の因子③　感謝

観点
パートナーに対して常に感謝の気持ちを持っている。

パートナーの好意や気遣いをうれしいと感じたとき、感謝の気持ちを表すことはとても大切です。でも、いつの間にか何でもやってもらうのが当たり前になり、つい私達は感謝を忘れがちです。

一言「ありがとう」とか「助かるわ」「うれしいわ」と言えばいいだけなのに、なぜ言葉を惜しんでしまうのでしょう。

照れくさいからでしょうか。言うと自分の負けと思うからでしょうか。言わなくても分かってくれると思うからでしょうか。

パートナーは超能力者ではありません。思いは言葉や行為で伝えなければ分かりません。ちょっと荷物を持ってくれたり、新聞を取ってくれたり、コーヒーをいれてくれたりなど、ささいなことがうれしいものです。そんな場面は日々たくさんありますよね。

あなたは「ありがとう」といつも声をかけているでしょうか。かつては惜しみなく愛の言葉をささやき、パートナーを褒めたたえたはずです。感謝の言葉も伝えていたことでしょう。けれど、慣れ親しむにつれて甘えが出て、言わなくても許してくれるだろうと思ってしまうのです。

だんだんパートナーが色あせていくように見えたとき、そこにあなたの努力不足はないでしょうか。あなたが「すてき!」と褒めてあげれば輝けるのに、「ありがとう」と言ってあげれば笑顔になれるのに——。

感謝の種はどこにでも転がっています。そもそも、朝、元気に起きられるだけでもありがたいことではないでしょうか。まず、自分が生かされていることに感謝しましょう。

また、パートナーが何かしてくれたからではなく、パートナーの存在そのものにも感謝したいものです。その人に出会わなかったら、その人が今こうして一緒にいてくれなかったら、どんなに味気ない人生だったことでしょう。

たとえば、愛する人がいてくれるおかげで次のデートまでウキウキした気分で過ごせる、ということもありますよね。あなたが既婚者なら、パートナーがいてくれるからこそ、安心して暮らせているのではないでしょうか。

パートナーがこれまでどれほどの喜びを与えてくれたか思い返してみると、存在の大きさが分かるでしょう。感謝の気持ちが自然にあふれ出てくるにちがいありません。

どうも自分は感謝するのが下手だ、と思う人は練習しましょう。照れくさくても、声に出してみてください。「ありがとう」と、いつでも誰にでも言ってみましょう。やってみれば、そんなに難しくないことに気付くはずです。

感謝や称賛の言葉はパートナーの魂を元気づけます。相手の美点をどんどん引き出す魔法の言葉です。パートナーがより魅力的になれば、愛はますます深まり、あなた自身も大きく成長できるでしょう。

カウンセリング⑦　夫婦関係が冷え切ってしまった

　G子さんは四十代でパート勤めをしています。二人の子どもは高校生と大学生で、教育費もかかるため懸命にやりくりしています。夫はサラリーマンですが、会社の経営が思わしくなく、給料カットのうえボーナスもなくなり、家計は火の車です。それが原因で、けんかの絶えない日々です。


「本当に夫には愛想が尽きました」

「ご主人のどういうところがいやなのですか？」

「いろいろありますが、一番いやなのは稼がないことです。私の友達のご主人はみんな一流企業に勤め、それなりに出世しています。こんな安月給はうちだけです」

「でも、ご主人も必死に働いていらっしゃるのではないですか？」

「たしかに、毎晩遅くまで働いています。でも、給料は驚くほど少なく、とてもやっていけません。今がもっとも子ども達にお金がかかる時期なのに、これっぽっちと思うと泣けてきます」
「それは、会社の経営がうまくいってないからですよね。ご主人なりには頑張ってい
らっしゃるのに」
「それはそうですけどね。私の学生時代、一番親しかった友達は専業主婦ですが、子
どもをみんな私立にやって、カルチャーざんまいで優雅に暮らしています。うちは公
立なのに、私は毎日、仕事と節約に追いまくられているんですよ。みじめで、最近は
同窓会にも行っていません。着ていく服もないし」
「そのお友達には何も悩みがないのですか?」
「いえ、彼女なりの悩みはあります。ご主人は自分が高学歴、高収入だから、彼女を
バカにするそうです。お金を持っているのにすごいけちだし、気に入らないと怒鳴っ
たりするので、それが怖くて本当にいやだと嘆いていました」
「その点、あなたのご主人はどうなのですか?」
「うちはそういうことはないです。怒鳴ることもないし、お金に関して細かいことは
言いません。だいたい、自分がすごく金遣いが荒いですから。それも悩みの種です。
給料が安いだけならまだましなのに」

「でも、ご主人にもいいところはあるじゃないですか。お友達にも悩みはあるのだし、ひょっとしたら働いているあなたをうらやましいと思っているかもしれませんよ。不幸は、他人と比較するところから始まるのです」

「そりゃあそうかもしれませんが、私はお金が欲しいんです。夫にいつも、『本当にあなたって給料安いわね！』と嫌みばかり言ってしまいます」

「ご主人はそう言われて怒りませんか？」

「もちろん、怒りますよ。それでまたけんかになるんです」

「そういうネガティブな言葉を常に投げかけていると、ご主人はどんどん駄目な人間になっていきますよ。あなたのかけた言葉は、そのまま相手に反映されますから」

「だって貧乏はいやなんです」

「でも、ふつうには生活できていますよね。ご主人がいてくれることで、何か助かっていることはありませんか？」

「そうですね。背が高いので、高いところにあるものは取ってくれるし、蛍光灯なんかも切れたら付け替えてくれます。買い物も好きだから、よくスーパーで食材を買ってきてくれますね。休みの日は犬を散歩させてくれるし」

「ほら、ずいぶん助かっているじゃないですか。お給料が少ないとしても、まったくないよりはずっといいですよね。ご主人がしてくれたことで、何かうれしかったことはないですか？」

「う〜ん、景気がよかったころ、海外出張に行って、アクセサリーやブランドもののバッグをお土産に買ってきてくれました」

「やさしいご主人ですね」

「まあ、やさしいところはありますね」

「二人のお子さんに恵まれ、健康にも恵まれ、ふつうに生活できている。そう思うと、幸せではないですか？　いくらお金があっても、怒鳴られてびくびくしながら暮らしていくのはつらいと思いますよ」

「そう言われればそうかもしれません」

「文句ばかり言っていても、何も事態は好転しません。ご主人を駄目な人間にするだけです。どうせなら、楽しく過ごしたほうが得ではないですか？」

「それはそうですが……」

「だったら、高いところのものを取ってくれたり、スーパーに買い物に行ってくれたりしたときは、感謝の気持ちを伝えるようにしましょう。それだけで、夫婦関係は劇的によくなると思いますよ。人生は楽しむためにあるのです。いがみ合うことにエネルギーを費やしているなんて、もったいないと思いませんか？」

「そうですね。いつもお金がない、お金がないと、イライラしていました。ずっと一緒に暮らしていくのだから、ギスギスしているより仲良くしたほうがいいに決まっていますよね」

「そうです。お子さんが独立したら、二人だけで暮らしていくのです。その日に向けて、少しずつよい関係を築いていきましょう」


パートナーの悪いところばかりを見ていると、ネガティブスパイラルに陥ってしまいます。そんなときは、ちょっと見る角度を変えてみましょう。うれしかった過去の出来事を思い出してみましょう。

すると、やさしい気持ちになれるはずです。その気持ちを抱きしめて接するように心掛けると、呼応してパートナーの態度が変わってきます。人間は響き合うもの。パートナーにやさしくしてほしければ、まずあなたがやさしく接しましょう。パートナーに輝いてほしければ、あなたが自分を磨きましょう。

レッツ　トライ！

あなたは感謝を伝えていますか？　日ごろの自分を振り返ってみましょう。

★最近、パートナーに感謝の言葉を伝えましたか？

★それはどんな場面でしたか？

★感謝を伝えるべきなのに、表現できなかったことはありますか？

★それはどんなときですか？

★いつも、周りの人に感謝の気持ちを表すように心掛けていますか？

愛の因子④　能力

観点
パートナーのために自分の能力を発揮している。

愛は自然にわき出るもののように思われがちです。でも、感情だけではなく行動を伴うものなので、一人ひとりの能力が深くかかわってきます。相手を尊重する、話を聞く、共感する、感動を分かち合う、会話を交わすなど、ふだん私達が無意識にやっていることの多くは、かなり高い能力がなくてはスムーズにできません。

たとえば、共感を求められる場面に、私達はしばしば出くわします。相手の愚痴を聞き、怒りを受け止め、「それは大変だったね」と相槌を打ちます。でも、たいていは表面的に共感を示しているだけではないでしょうか。真に相手の心に寄り添うのは、容易ではありません。

自身の経験に照らし合わせ、相手が感じているのと同じ無念や憤りを、自分の心の奥から引っ張り出さなくてはいけません。それは苦しく面倒な作業です。だからみんな、「大変だったね」の一言ですまそうとするのです。他人ならそれでやり過ごしてもいいでしょうが、相手がパートナーで、二人の愛を高めようと思うのなら、おざなりな態度は避けなければなりません。

さらに、「家事能力」や「お金を稼ぐ能力」といった生活を営む能力も必要ですし、何か問題が起これば、「分析力」や「問題解決能力」なども求められます。

これらの能力は誰でも持っているものです。ただし、得手不得手があります。お金は稼げるけれど話を聞く能力は弱いとか、分析力はすばらしいけれど優柔不断でなかなか決断できないなど、すべての能力を完璧に備えている人はいません。

自分の長所や短所をよく見極め、今持っている能力を高める努力をしましょう。愛するということは、自分の能力を最大限に発揮して、パートナーの幸福と成長に貢献することです。尊敬の念をもって、思いやりを惜しみなく注ぐことが大切です。

カウンセリング⑧　今からでも能力は磨けるか

　H子さんは三十代の専業主婦です。美術に造詣が深い夫と感動を分かち合いたいと思うものの、絵を見るのはさほど好きではありません。このままでは、夫に取り残されそうで不安です。


「夫は絵が好きで、一緒に美術館に行こうとよく誘われます」

「仲のよいご夫婦でいいですね」

「でも、私は絵を見てもほとんど何も感じないのです。夫は気に入った絵があれば、いつまでも飽きずにながめています。感動を口にすることもあるのですが、私がおざなりにうなずくだけなのでがっかりしています。感性って生まれつきのものですか？　今からでも磨けるのでしょうか」

「もちろんです。幼い子どもは満開の桜を見ても、美しいとは感じません。そこにお花が咲いていると、あるがままに受け取るだけです。それがなぜ、美しいと感じるようになるかといえば、周りの大人が『ああ、きれいね』とか『なんて美しいんでしょう』と語りかけたり、感嘆したりするからです。そういう姿を見聞きしているうちに、少しずつ子どもも、桜の美しさを感じ取れるようになっていくのです。こんなふうに感性は獲得していけるものなので、今からでも大丈夫ですよ」

「でも、今まで何度も美術館に一緒に行きましたが、全然興味がわかないんです。具体的に感性を磨くにはどうしたらいいんでしょう」

「絵には興味がなくても、これは好きというものはありませんか？」

「そうですね。今はあまりやっていませんが、編み物とかガーデニングは好きでしたね。コンサートも好きで、昔は追っかけもやっていました」

「ちゃんと五感が刺激されるようなことをやっていたんじゃないですか。もう一度、好きなことに打ち込んでみてはどうですか」

「それはうれしいですが、私は夫に合わせて絵を好きになりたいんです」

「好みは人それぞれですから、自分が興味を持てることからやってみましょう。部屋をきれいなお花で飾ったり、すてきなセーターを編んであげたりすると、ご主人も喜ばれると思いますよ。逆にご主人をコンサートに誘ってみてはどうですか？」

「そうですね。一度行ってみるのもいいですね。ライブの楽しさを分かってくれるかもしれないし」

「そうして、趣味を楽しんでいると感度がよくなり、興味の幅も広がっていくと思います。好きにならなくちゃではなく、ともに美術館の雰囲気を楽しむぐらいの気持ちでいいのではないでしょうか。ご主人の言葉にも、よく耳を傾けてあげてください」

「はい、すごく気が楽になりました。自分の好きなこともどんどんやってみます」

レッツ　トライ！

愛する能力は誰にでも備わっています。自分の能力について考えてみましょう。

★あなたは今、パートナーのために自分の能力を発揮していると思いますか？

★主に、どんな場面で発揮していますか？

★自信がある能力とない能力を書き出してみましょう。

★自信のない能力を磨くにはどうしたらいいかを考えてみましょう。

愛の因子⑤　幸福支援

観点
パートナーにとっての幸福を理解し、そのために協力している。

愛する人の幸福を願わない人はいないでしょう。パートナーの笑顔をずっと見ていたい、もっと成功できるように手助けしてあげたい――。「そのためなら、何だってするわ」とあなたは思っているにちがいありません。これが幸福支援です。

でも、先走ってはいけません。いったいパートナーが何を望んでいるのか、何を幸せと感じるのか、きちんと把握することが大切です。

こうすれば喜んでくれるにちがいない、きっと幸せになってくれるはずと決め付けないで、日ごろの言動をじっくり観察し、話に耳を傾け、パートナーの価値観やアイデンティティーを理解するように努めましょう。

もちろん、幸福や夢について率直に語り合い、本人から直接聞き出してもいいでしょう。ただし、本人自身が自分の真の望みに気付いていなかったり、あなたの幸せを思って封印していたりすることもあります。

たとえば、本当は会社をやめて独立したいのだけれど、生活が不安定になったらあなたに申し訳ないと思って言い出せない、というようなケースですね。

これはまちがった思いやりです。どちらかが自分を押し殺して生きているのでは、幸福にはつながりません。それぞれが自己実現して生き生きと暮らしていることが、二人にとって一番の幸せではないでしょうか。

パートナーが言い出しかねていると気付いたら、背中を押してあげるのはあなたの役目です。

「あなたが一番輝ける道を選んでほしいの。私は喜んで協力するわ。それが私の幸せでもあるのよ」

そう言って勇気づけてあげましょう。パートナーの幸せがあなたの幸せ。逆もまたしかりです。どちらかの犠牲のうえに幸福は築けません。

互いにパートナーの幸せを心から願い、援助を惜しまない——。この姿勢を保ち続けていれば愛は高まり、必ず二人に幸福が訪れるでしょう。

カウンセリング⑨　パニック障害を発症してしまった

I子さんは三十五歳、一児の母です。子どもを保育園に預けて、広告会社で働いています。半年前に昇進したころから体調がすぐれず、二カ月前には車の運転中に激しい動悸におそわれ、危うく事故を起こしそうになりました。それから、ますます体調が悪化。どうしたらいいのか、途方に暮れています。


「病院には行かれたのですか？」

「はい。急に息苦しくなったり冷や汗が出たりするので不安になって受診したら、パニック障害だろうといわれました。今は車に乗るのが怖いし、電車でも発作を起こしたことがあって、各駅停車しか乗れません」

「そんな状態では、通勤するのもつらいですね」

「そうなんです。薬でなんとか抑えていますが」

「しばらく休養されたらどうですか？」

「夫もそう言ってくれるのですが、先生の話によると、完全に治るまでかなり時間がかかるそうです。今、私は課長に次ぐポジションにいます。後輩の指導をしなければいけませんし、仕事は山とあるのでそんなに休めません」

「ですが、パニック障害がもっとひどくなったら、日常生活にも支障が出るようになりますよ。ゆっくり休んで治療に専念されたほうがいいのではないですか？」

「ですけど、家のローンもあるし、これから子どもの教育費もかかるようになります。長期間休むとプランナーとしての評価が落ちて、昇進にもひびくかもしれません」

「ご主人は何とおっしゃっているのですか？」

「何も心配しないで休めばいいと。君が元気でいてくれるほうがうれしいから、と言ってくれています」

「いいご主人ですね。あなたはご主人の幸福を願っていないのですか？」

「もちろん願っています。私は夫を愛していますから。本当に頼りがいがあって、この人と結婚してよかったと心から思っているんです」

「なら、どうしてご主人の希望を聞き入れてあげないのですか？　ご主人はＩ子さんが元気になって、毎日笑顔で暮らしてくれるのが一番うれしいのですよ」

「それはそうですが……」

「苦しんでいる妻を見ているのは、ご主人もつらいのです。ご主人の幸せを願うのなら、あなたが健康を取り戻さなければいけません。お子さんだって、いつもお母さんがニコニコしてくれているのが、一番うれしいのですよ」

「それもそうですね。私だって、もし夫が病気になったら、暗い気持ちになりますもの。早く治ってほしいと、それだけを願うでしょうね」

「そうですよ。あなたの笑顔がご主人の幸せなんです。家族のために、休んでください」

「はい。何か吹っ切れた気がします。たしかに健康に勝るものはないですよね。きちんと引き継ぎをして、完治するまで休養します」

レッツ　トライ！

パートナーにとっての幸福を支援する、という視点で、今の自分を見つめ直してみましょう。

★自分が幸せだと感じることを、パートナーに押し付けてしまったことはありませんか？
★パートナーの好きなことや好きなものを知っていますか？
★パートナーの幸福のために、あなたにできることは何でしょう？
★二人で夢や希望について語り合ったことはありますか？
★パートナーの夢や希望を知っていますか？
★パートナーのアイデンティティーや価値観を理解していますか？
★いつでも惜しみなく支援しようと、心の準備をしていますか？

コミュニケーションをとろう

観点

相手を気遣い、モノや気持ちを素直に分かち合う良好なコミュニケーションをとっている。

コミュニケーションは言葉だけではない

人間関係においては、良好なコミュニケーションをとることが何より大切、ということは誰でも知っています。でも、これをいいかげんにしてしまう人がなんと多いことでしょう。ただ思いを胸に抱いているだけではパートナーに伝わりません。表現することによって愛を形にできるのです。

「でも、照れくさくて、愛しているなんてとても言えないわ」

こんなふうに言う人がいますが、愛の表現は言葉だけではありません。表情やジェスチャー、態度、行為など、愛を伝える方法はいろいろあります。

百の言葉より一回の抱擁のほうが気持ちを雄弁に物語ることもありますし、パートナーの温かいほほ笑みに救われることもあります。そこにどのような思いがこめられているかが、もっとも重要です。

大切なのは、薄っぺらい賛辞や大げさなジェスチャーではなく、気遣いや誠実さ、真心といったものです。

たとえば、パートナーが病気になったり落ち込んだりしていたら、あなたは勇気づけたり、慰めたりするでしょう。言葉には出さずとも、そばにいて手を握ってあげるだけでも、あなたの気持ちは伝わります。

「いつも私はあなたのそばにいるよ」「私にとってあなたは大切な存在だよ」と、言葉でも態度でも表すようにすると、お互いの信頼感が増し、安定した関係を築けます。

直球を投げよう

コミュニケーションはキャッチボールのようなもの。変化球では相手が受け取れないことがあります。受け取りやすいように真っすぐ投げましょう。

当たり前のことですが、誤解を生んだり、何も伝わらなかったりするのでは、コミュニケーションの意味がありません。遠回しな言い方や思わせぶりな態度はやめて、率直に伝える習慣をつけましょう。常に「私の気持ちを察して、はっきり言わなくても分かって」という姿勢では、パートナーも疲れてしまいます。

一方、あなたが受け手であるときは、しっかりメッセージを受け取ろうとする姿勢を持つことが大切です。そのためには、五感をフルに働かせなければなりません。耳を傾けて言葉を聞いていても、パートナーの気持ちをすべて理解できているとはかぎりません。目を見開いてパートナーの表情を見つめていても、その裏にある感情をすべて汲み取っているとはかぎりません。

耳や目だけに頼らず、全身でパートナーの発するメッセージを読み解きましょう。あなたが心から分かり合いたいと思っているのなら、キャッチできるはずです。パートナーを気遣いながら、本音で語り合えるようになれば、二人の絆はいっそう強くなるでしょう。

コミュニケーションは愛を高める最強のツールであるのはまちがいありません。しかし、使い方をまちがえると、相手を激しく傷つける刃になってしまいます。

恋人や夫とけんかになった場面を思い出してください。ささいな言葉の行き違いや、どちらかのちょっとした態度が原因で、いさかいが始まったのではありませんか？　すぐに謝るなり誤解を解くなりすれば火種は消し止められるのに、売り言葉に買い言葉で大きく燃え上がってしまった、ということがよくあります。親しい間柄であるからこそ、感情が高ぶりやすいものです。

コミュニケーションスキルを磨けば、無用の争いの多くは避けられます。このゾーンでは、「言語」「非言語」「自己傾向」「相互影響」の四つの因子に分けて、良好なコミュニケーションのとり方を考えていきます。

レッツ　トライ！

コミュニケーションについて今の自分を振り返ってみましょう。当てはまるものにチェックを入れてみてください。

チェックリスト

- □ コミュニケーションをとることを楽しいと感じている。
- □ 自分の思いや考えを素直に表現できる。
- □ すれ違いや誤解があっても、あきらめずに、コミュニケーションを継続していこうとする。
- □ 自分のコミュニケーション上のクセを自覚している。
- □ 気遣いのあるコミュニケーションをとるように努めている。
- □ 「言い負かそう」「従わせよう」という姿勢ではなく、「モノや気持ちを分かち合おう」という姿勢で臨んでいる。
- □ パートナーの話す内容をしっかりと受け止めている。
- □ 表情や声のトーンなど、パートナーの全身からのメッセージを感じ取ろうとしている。

□　一方が話すばかりにならず、お互いに発言することができる。

チェックの付かなかった項目を改善するように心掛け、コミュニケーションスキルを磨いていきましょう。

コミュニケーションの因子① 言語

観点
親密さを築くための、良好な言葉のコミュニケーションをとっている。

コミュニケーションといえば、まず思い浮かべるのは言葉です。ところが、一緒にいるにもかかわらず、あまり会話を交わさないカップルは少なくありません。喫茶店で向かい合っているのにそれぞれが携帯で何かをしていたり、彼女が話しかけているのに彼は生返事を繰り返していたり……。

このようなカップルが結婚したらどうでしょう。黙々と食卓を囲み、どちらかが言葉を発しても無反応だったり、ただ並んで座ってテレビを見ているだけだったり――。こんな未来が透けて見えるようですが、これで安らげる家庭といえるのでしょうか。

会話は、交わせば交わすほど、どんどん言語能力が洗練されていきます。また、二人の間で共有されている情報が増えれば、話の種も増えていきます。そうなると、日々の会話が楽しくなり、ますます二人はコミュニケーションをとるようになります。

逆に、会話を交わさなくなると、どんどん会話を切り出すきっかけを見出しにくくなります。やがて二人の間に会話が途絶え、関係も冷えていきます。

そうした悪循環に陥らないために、あいさつのような小さなコミュニケーションも怠ることなく、日々、二人の会話を積み重ねていくことを心掛けてください。パートナーが話しかけてきたら、しっかりと受け止め、親しみをこめた反応を返すようにするのです。

これらのことは、当たり前のように思われますが、忙しかったり、気持ちに余裕がなかったりするときにはないがしろにされがちです。「パートナーは自分のことを分かってくれているから大丈夫」と甘えてしまう人も多いのではないでしょうか。

誠実に目の前のコミュニケーションに集中し、お互いにきちんと向き合ってこそ見えてくるものがたくさんあります。

たとえば、「自分はちゃんと言ったし、相手にも伝わっているだろう」と思っていたことが、実際には伝わっていなかった、という経験はないでしょうか。伝わっていないだけでなく、深刻な誤解を招いてしまうときもありますね。

聞く側においても同じです。心から受け止めることで初めて、パートナーがその言葉にこめた真意や、背景にある気持ちについて察することができるものです。

言葉のコミュニケーションを高める第一歩は、パートナーにしっかりと向き合うことだと考えてよいでしょう。

また、自分の伝え方のパターンや、トラブルを引き起こしやすい言い回しについて知ることも、コミュニケーションを磨いていく上で重要です。

つい皮肉を言ってしまうとか、疲れている時にはきつい言葉遣いになってしまうとか、これまでパートナーや周囲の人々に指摘されたり、自分自身で反省していたりする点はありませんか。

こうした点を意識し、相手が受け取りやすい形でのコミュニケーションを目指していきましょう。良質なコミュニケーションは、お互いに対する理解を深め、二人をより親密な関係にしてくれるでしょう。

コミュニケーションが下手な人の代表的なパターンとしては、次のようなものがあります。

★何かにつけ、けんか腰でものを言う。
★命令口調でものを言う。
★前置きが長く、なかなか要点に至らない。
★すぐに相手の話の腰を折る。
★聞いているふりをして適当に相槌を打つ。
★気に入らないと黙り込む。
★思っていることをうまく言葉にまとめられない。

これでは心が通うはずがありませんね。

こういう傾向がある人は、意識して改善していきましょう。

コミュニケーションの目的は、互いの理解を深め、思いを共有することです。ただ言葉を垂れ流していればよいというわけではありません。

二人の愛を高めるには、良質のコミュニケーションをとることが大切です。

カウンセリング⑩　家を出た夫に帰ってきてほしい

Ｊ子さんは結婚十二年目。小学生の子どもがおり、パートで働いています。忙しい日々にイライラがつのり、つい夫にあたってしまいます。数カ月前からけんかが絶えなくなり、「しばらく冷却期間を置こう。今後についてじっくり考えたい」と言い残して、夫は出て行ってしまいました。

「早く帰ってきてほしいのです。私は別居も離婚もする気はありません。子ども達だって寂しがっています」

「その気持ちをご主人に伝えましたか？」

「いや、そうしようとは思うのですが、私にも意地があるので、なかなか言い出しにくくて……。夫が『出て行ったりしてごめん』と謝ってくれればいいのですが。何かいい方法はありませんか？」

「それは無理です。自分から何も働きかけないで、相手を動かすことはできません。

それに原因をつくったのは、主にあなたのほうなんですね？」

「どちらかといえばそうですけど。でも、私だって、家事も育児も仕事もあって疲れているんです。職場の人間関係も大変だし。ちょっとはいたわってくれてもいいと思うんです」

「ご主人はいたわってくれないんですか？」

「いえ、ゴミを出したり、子ども達の面倒を見てくれたり、早く帰った日は食事を作ってくれたりはしています」

「では、ご主人なりにできることをやってくれているんじゃないですか？」

「でも、もっと掃除や洗濯も手伝ってほしいんです」

「じゃあ、家事の分担についてちゃんと話し合ってみましたか？」

「きちんと話し合ったりはしていませんが、『あなたもちょっとは手伝ってよ』としょっちゅう文句を言っています」

「文句を言うのではなくて、二人が納得できるように話し合ったほうがいいのではないでしょうか？」

「まあ、それはそうですけど、いちいち言わなくても私の気持ちは分かっているはずです」

「でも、きちんと言ってくれないと、ご主人も具体的にどうすればいいのか分からないと思いますよ。いつもご主人に八つ当たりして申し訳ないことをした、という思いはあるんですよね？」

「はい。それはあります」

「だったら、奥さんが謝るのが先ではないでしょうか」

「でも……」

「でも、でもと反論されるのは自由ですが、このままでは、別居、離婚へと発展しかねませんよ。それでもいいのですか？　ご自分が変わらないと、ご主人の気持ちは解けないと思いますよ」

「それもそうですね。分かりました。じゃあ、謝ってみます」

「表面的な謝罪では駄目です。これからも二人でやっていきたいという強い思いを伝えるようにしないと。実際、そう思っているんでしょ？」

「はい、本当は夫がいないと心細くて。一人では子どもも育てられないし、どうしたらいいのか分かりません」

「その気持ちを素直に伝えてください。これからも、自分の気持ちを率直に伝えるように心掛けてください。もちろん、ご主人の言い分にもしっかり耳を傾けること。でないと、同じことの繰り返しになりますよ」

「はい、分かりました。本当にそうですね。関係を修復できるように頑張ってみます」

「こんなことは言わなくても当然分かっているはず」「あんなふうに言うなんてきっとこう思っているにちがいない」などと決め付けて、勝手にイライラする人は少なくありません。

ああじゃないか、こうじゃないかと考えをめぐらしている暇があったら、シンプルにこう聞いてみましょう。

「私はこうしてほしいと思っているのだけど、あなたはどう思っているのかしら？あなたの考えを聞かせてちょうだい」

レッツ　トライ！

言葉のコミュニケーションについて、今の自分を振り返り、チェックしましょう。

チェックリスト

□「おはよう」「ありがとう」「ごめんなさい」などの挨拶を交わしている。

□ 変に構えないで素直に話している。

□ 自分の気持ちを、感情的にではなく、言葉にして伝えている。

□ 相手の話をさえぎらないで最後まで聞いている。

□ 相手の気持ちや考えを理解できたら、そのことを伝えて誤解はないか確認している。

チェックのつかなかった項目を改善するように心掛け、言葉のコミュニケーションを充実させていきましょう。

コミュニケーションの因子②　非言語

観点
親密さを築くための、言葉以外によるコミュニケーションがとれている。

「目は口ほどに物を言う」とよくいわれるように、私達は言葉だけではなく、全身を使ってメッセージをやりとりしています。

ほほ笑む、笑う、うなずく、手を握る、視線を交わす、触れる、抱きしめる、眉をひそめる、顔をしかめる、手をたたくなどですね。このような動作を意識的にすることもあれば、無意識にサインを送っていることもあります。これを非言語コミュニケーションといいます。

相手の言葉が足りなくてうまく表現しきれていなくても、表情や姿勢、声のトーン、身振り、手振りなどに注意を払っていると、何を伝えたいのか理解できます。

パートナーが落ち込んでいたら、「私がついているから大丈夫よ。元気を出して」と言葉だけで励ますより、そう言いながらそっと肩を抱いてあげると、より気持ちが伝わるでしょう。喜んでいるときは、抱きついて一緒に喜んであげるのもいいでしょう。

非言語コミュニケーションには、言葉でのコミュニケーションを補完し、強化する働きがあります。場合によっては、言葉より雄弁に気持ちを表現できます。

しかし、時折、言葉と非言語コミュニケーションが食い違っていることがあります。言葉では愛想よく褒めているけれど、目はつり上がっている、というようなケースですね。こんなとき、受け手は混乱したり不安を感じたりします。不信感をもつこともあります。

ですから、自分の気持ちや考えを的確に伝えたいのなら、非言語コミュニケーションも適切に行う必要があります。自分の発しているサインが今の気持ちを伝えるのにふさわしいものかどうか、常に振り返って改善していかなければなりません。と同時に、相手のサインもしっかりキャッチしましょう。言葉にならないメッセージも大切にすることによって、互いの理解がより深まります。

二人が親密になればなるほど、非言語コミュニケーションは活発になり、スキンシップが増えていきます。キスから抱擁へ、さらにセックスへ、という具合ですね。何もしゃべらなくても、ただ同じ空間にいること、それ自体も楽しめるようになります。もう言葉はいらない、と感じることもあるでしょう。

カウンセリング⑪　婚活がうまくいかない

K子さんは三十三歳の派遣社員です。三年前から結婚相談所に登録して婚活を始めましたが、なかなかうまくいきません。何人か気になる人はいたものの、数回デートをすると断られてしまいます。その理由が分からず悩んでいます。


「もう一生結婚できないかもしれないと思うと、不安でたまらないんです」

「あなたの望みが高すぎるのではないですか？」

「いえ、そんなことはありません。真面目で誠実な方なら、それだけでいいんです。

緊張していつもあまりうまくしゃべれないんです。それがいけないんでしょうか」

「うまくしゃべれなくても、こちらの誠意が伝わればいいと思いますよ。緊張しているのは相手の方も同じですからね。彼にたくさん話してもらうようにしてください。いろいろ質問してみるといいですね。相手も喜びますし、関心を持っていることもアピールできますから」

「でも、どんなことを聞けばいいのか分からないんです」

「相手のプロフィールを見ていますよね。それを思い出しながら、彼が簡単に答えられるようなことや楽しく話せそうなことを聞いてみましょう。たとえば、趣味や休日の過ごし方などが無難ですね。年収とか、結婚相談所に登録した理由とか、そういう話題は避けましょう」

「はい、分かりました」

「一番大切なことは、相手が話し出したらニコニコと笑顔で聞いてあげることです。私は真剣に聞いていています、楽しく過ごしています、と表情や態度で表すのです」

「あっ、それが足りなかったかもしれません。相手の言葉を聞き漏らしてはいけないとか、次に何の話をすればいいかとか、そんなことばかり考えていましたから。笑うような余裕はなかったです」

「それではあなたの気持ちは伝わりませんよ。相手は、自分の話がつまらなかったのかなと、落ち込むでしょう。気持ちが沈んでしまいます」

「それはそうですよね。これからそこのところをよく注意します」

「明るい色の清潔感のある女性らしい服装、相手の話を笑顔で楽しそうに聞く。この二つを心掛けると、きっとうまくいきますよ。必ずいい人に出会えると信じることです」

「はい、ありがとうございます。頑張ります」

レッツ　トライ！

欧米人に比べると、日本人は非言語コミュニケーションが下手だといわれています。日ごろの自分の伝え方を振り返ってみましょう。

★パートナーと積極的に非言語コミュニケーションをとっていますか？

★特に、どんなときにとっていますか？

★あなた自身は、どんなときに、どんなふうにしてもらうとうれしいですか？

★いたわりや共感を示したいとき、愛を伝えたいとき、意識的に非言語コミュニケーションを取り入れるよう心掛けましょう。

コミュニケーションの因子③　自己傾向

観点
自分の性格をよく理解した上で、良好なコミュニケーションをとっている。

「あなたはどんな性格ですか？」と聞かれたら、あなたは何と答えるでしょう。社交的、内気、自信家、情熱的、負けず嫌いなど、だいたいの傾向は分かっていると思います。でも、あらためて考えてみると、自分のことなのによく分からないなと思う人も少なくないでしょう。

性格は、遺伝的な要素や環境によって培われてきたものなので、根底の部分は生涯変わりません。ですが、「ああ、私はもっと社交的な性格になりたかったのに」などと、がっかりする必要はありません。どんな性格でもそれぞれに長所と短所があり、この性格はよくて、これは悪いというような優劣はないからです。また、自分の努力によって弱点はカバーできますし、長所と短所は裏表といわれるように、短所と思えることも別の角度から見れば長所になります。

さて、性格とコミュニケーションのとり方には密接な関係があります。ですから、自分の性格傾向を把握しておくと、同じ失敗を繰り返さずにすみます。

たとえば、姉御肌で面倒見がよいのはいいのですが、いつも相手に自分の考えを押し付けて失敗する、という傾向がある人は、人に意見を押し付けないように改善していけばいいわけです。もちろん、「面倒見がよい」という長所は伸ばしていきましょう。

こんなふうに自分が陥りやすいパターンを知っておくことは、円滑なコミュニケーションに役立ちます。

男女社会学では、性格についてのさまざまな理論を踏まえ、性格のタイプを次の9種類に分類しています。あるタイプの性格だからといって、その説明に書いてあることすべてが当てはまるわけではありませんが、自分の性格を自覚する上で大いに役立つでしょう。

自分はどのタイプに当てはまるのかを考えながら読んでみてください。

★　Ａタイプ

このタイプの人は、いつも真剣に真正面から人生と向き合い、絶えず完璧を求めて、日々努力しています。

恋愛においても一人を一途に愛そうとし、きちんとした交際を好むでしょう。よきパートナーとなりますが、自分の欠点を知られまいとしたり、相手にも完全を求めて批判したりすることもあります。

結婚後は、家事も育児もすべてをきちんとやろうとします。向上心も強いですが、家族に対して干渉しがちな面もあるでしょう。

★　Ｂタイプ

このタイプの人は、陽気で、優しく、共感的な人です。人一倍愛されたいという願望が強く、恋人には特別な心の絆を求めます。

常に相手を助け、自分の時間や労力を惜しみなく与えて尽くしますが、相手に合わせすぎて、自分を見失うところがあります。独占欲が強い半面、恋人以外の人にも親切にしたりするので、恋愛関係がこじれる場合もあります。

結婚後は家庭を第一に考え、家族のために尽くしますが、パートナーや子どもに対して過保護になりやすい一面もあります。

★　Ｃタイプ

このタイプの人は、野心家で、自信にあふれた人です。失敗や自分の感情をさらけ出すのが苦手な一面があり、恋愛でも、自分の感情よりも外見や社会的な地位で相手を選ぶ傾向があります。

行動力とパワーがあり、時間や労力をかけて旅行やイベントなどを楽しみます。

結婚後は、家族を前向きに引っ張り、よき夫よき妻として振る舞います。パートナーや子どもの、業績や成績に関心を持つ人も多く見受けられます。

★　Ｄタイプ

このタイプの人は、中身の濃い、劇的な人生を望んでいます。ロマンチックな雰囲気を好み、恋愛をドラマのワンシーンのように楽しみます。

恋には熱中しますが、相手の欠点が目に付くと長所まで過小評価してしまうこともあります。緊張感や障害のある恋に醍醐味を感じ、無意識のうちに、手に入らないものを美化したり、相手と距離をとろうとしたりします。

結婚してもあまり所帯じみることはないでしょう。

★　Ｅタイプ

このタイプの人は、内気で、知性的な人です。感情的になるのは苦手で、恋愛においても、親密になること、自分の思いをさらけ出すことを避ける傾向があります。

パートナーに特別な関係を求める思いと、プライバシーを重視する気持ちが交錯し、強すぎる愛情を注がれるのは負担に感じます。

干渉しすぎないで穏やかに過ごせる関係を望み、一度築いた信頼関係は大切にするので、結婚後も静かに愛情を深めていくでしょう。

★　Ｆタイプ

このタイプの人は、たいへん努力家で、責任感があり、人から信頼されます。

しかし、心配性でうたぐり深い一面もあるので、恋人をつくるには時間がかかります。

誠実さや責任感をパートナーに求め、愛によって自分を守ってほしいという欲求があります。

結婚を重荷と感じる傾向も強いのですが、忠実で義務をしっかり果たす性格なので、夫婦間の信頼関係が大きく揺るがないかぎり、よい家庭を築く努力をするでしょう。

★　Ｇタイプ

このタイプの人は、非常に楽観的な人です。自主性があり、自分が選んだ、一緒にいて楽しいと感じる相手を恋人にする傾向があります。

嫉妬深い人や、独占欲の強い人が苦手で、拘束されると逃げたくなります。たくさんの可能性を持ちたいと考える人も多く、一人に強く執着し続けることはあまりないでしょう。

結婚後はカラッと明るく、パートナーが楽しいことに付き合ってくれるタイプなら、ポジティブで楽しい家庭になるでしょう。

★ Hタイプ

このタイプの人は、エネルギッシュで活力にあふれています。恋に落ちると、ストレートに相手にアプローチします。

責任感が強く、頼りがいがありますが、強者が弱者を支配するという固定観念があり、恋愛相手にも保護者のような態度で接することがあります。

恋愛では主導権をとることが多く、甘えたり、何かをねだったりするのは苦手です。結婚後も外で活動するのを好みますが、家庭を守る意欲もとても強い人です。

★ Iタイプ

このタイプの人は、感じが良くて優しい人です。

相手の欲求に合わせてしまい、自分から積極的にアプローチすることはあまりないでしょう。押しに弱く、優柔不断に相手と付き合ってしまうこともありがちです。激しい感情は表に出しませんが、意外に嫉妬心や執着心は強いタイプです。別れが苦手で、相手と惰性で付き合ってしまうこともあります。

結婚後はおおらかでほんわりした家庭をつくり、結婚生活を楽しむでしょう。

カウンセリング⑫　友人付き合いに口を出されるのが嫌

L子さんは二十八歳のワーキングウーマンです。三歳年上の彼と付き合い始めて約一年が経ちました。最近、彼とけんかすることが増えてきました。

「彼とはどんなことでけんかになるのですか?」

「彼が、私の人付き合いに口を出してくるんです。たとえば、私は男性ばかりの職場なのですが、『同僚と飲みに行くな』とか言われてうんざりなんです」

「彼はL子さんが浮気をしないか心配なんでしょう」

「そうみたいです。浮気なんてするつもりはないのに、そんなふうに言われると不快です」

「L子さんは拘束されるのが苦手ですか？」

「そうですね。彼も仕事が忙しい人で。毎日、私とデートできるわけじゃないんだから、会えない日に私が予定を入れることに対してガミガミ言われても、って思います。私は、プライベートを充実させたいと考えているので、『こういうことはするな』って制限されると、ストレスがたまるんです。自由にさせてほしいんです」

「L子さんはアクティブなんですね。ところで、これまでの恋愛で、今の彼のように言ってきた人はいましたか？」

「いました！　というか、毎回なんです。一緒に出掛けたり飲みに行ったりするのがとても楽しくて付き合い始めたのに、だんだんそうやって文句を言われるようになって、一緒にいても全然楽しくなくなってくるんです。神経質な感じで、重たくて、それで嫌になって私から別れを告げるんです」

「そうですか。毎回同じパターンを繰り返しているということは、L子さんの性格が影響していると言えそうですね」

「私の性格が駄目だってことですか？」

「いいえ、そういう意味ではありませんよ。L子さんは明るくて積極的で、とてもすてきだと思います。ただし、どんな性格でも、長所と短所があるものです。短所を自分で把握しておくことで、トラブルを防げたらいいと思いませんか？　L子さんだって、好きで付き合い始めた彼と、別れることを望んでいるわけじゃないでしょう？」

「もちろんです」

「お話を聞いていると、L子さんは楽しいことが好きで、毎日忙しくしていたい性格ですね。いろんな人と会うのが好きで、そういう人付き合いに口を出されることをストレスに感じます」

「あと、面白いこととか趣味のこととかを話すのが好きで、深刻な話し合いをするのが苦手なんです。彼氏が、不安や嫉妬を口にしていても、それを真面目に受け止めずに、話題を変えてしまうクセがあります」

「そういうとき、彼はどういう反応をしますか？」

「ムッとしたり、悲しそうな顔をしたり……。今思えば、その場で、きちんと相手の気持ちを受けとめなかった分だけ、さらに相手は不安になってしまうのかもしれません。ごまかされたって感じていたのかもしれません」

「かもしれませんね。次からは、大切な彼のためだと思って、きちんと向き合うことを意識してみてはいかがですか。L子さんの性格からしたら少し苦手なことかもしれませんが、そうすることで、二人の信頼関係は強くなると思います」

「そうですね。次からちょっと頑張ってみようと思います」

レッツ　トライ！

自分の性格を分析し、コミュニケーションの改善に役立てましょう。

★あなたの性格はAタイプ～Iタイプのどれに近いでしょう？

★自分の長所と短所を三つずつ挙げてみましょう。

★これから意識していきたいことはどんなことですか？

★コミュニケーションをとるときに、心掛けたいことはどんなことですか？

★コミュニケーションの成功例、失敗例を振り返ってみましょう。

★なぜ、成功したのか、失敗したのか、考えてみましょう。

★自分の感情や感覚を大切にして、言葉に表す練習をしましょう。

コミュニケーションの因子④　相互影響

観点
パートナーとの性格の違いを理解した上で、良好なコミュニケーションをとっている。

人は自分の考え方や行動様式がふつうであると、思い込むことが多いもの。そのため、パートナーが自分の思いどおりに動かないと「なぜ、彼はこうしないのだろう、そうすべきだ」とパートナーを非難しがちです。

でも、悪いのはパートナーなのでしょうか。あなたが勝手に、きっと彼はこうするはずだと決め付けていただけです。彼には彼の考えがあって行動しているわけですから、非難するのではなく、彼の意図を聞かなければなりません。

私達はよくこのような過ちをおかします。自分と同じように相手が考え、行動することを求めてしまうのです。でも、世界は自分を中心に回っているわけではないし、自分の基準がグローバルスタンダードというわけでもありません。

価値観や考え方、行動様式、性格などは人それぞれです。まず、自分とパートナーとは、性格も感覚も表現の仕方も違うということを理解しましょう。異なっているのが当たり前で、だからこそ新鮮な刺激もあり、あなたも成長できるのです。

ただし、その違いが、思わぬ誤解を生んだり、いさかいの原因になったりします。自分としては精一杯の愛情表現をしているつもりなのに、パートナーはそう受け取っていないこともあります。

ですから、ふだんから自分の感じ方や気持ちを伝えておくとともに、パートナーにも積極的に聞いてみましょう。

「あの映画の主人公のこういうところはちょっと自分勝手だと思うわ。あなたはどう感じた？　あなたの考えを聞かせて」

「私は、はっきり意見を伝えてもらうほうが気が楽なんだけど、あなたはどう？」

こんなふうに、自分の意見を押し付けるのではなく、パートナーの考えを引き出し、よく耳を傾けましょう。こういう会話を積み重ねていくと、パートナーの価値観や性格の傾向が分かり、よりスムーズにコミュニケーションがとれるようになります。

二人が完全に分かり合うのは難しいかもしれません。けれど、互いの違いを認めた上で素直に気持ちを伝え合うようにすれば、少しずつ距離は縮まっていくにちがいありません。それが、互いを尊重することにもつながります。

カウンセリング⑬　つまらないことですぐけんかになってしまう

M子さんは三十一歳、一歳年下の彼と付き合い始めて一年経ちました。趣味も合い、彼と一緒にいると楽しいのですが、ささいなことですぐけんかになってしまいます。なんとかいい関係を築いていきたいのですが……。


「たとえば、どんなことでけんかになるのですか?」

「この間は彼が仕事でミスをしたとかで落ち込んでいたので、『時にはそういうこともあるわよ、ドンマイ』と励ましたのですが、なんだか不機嫌になってしまって」

「そのとき、あなたはどうしたのですか？」

「その態度に私もちょっとイライラして『すんだことはクヨクヨしてもしょうがないでしょ。何かおいしいものでも食べに行こうよ』と誘ったら、『勝手に行けよ』とふてくされるんです。『何よ、その言い方。私は心配してるのに』ってけんかになったんです」

「あなたは本当に心配しているのですか」

「もちろんです。だから彼を励まそうとしたんです」

「よかれと思って励ましているのは分かりますが、彼はがっかりしたでしょうね」

「エーッ！　なぜですか？」

「彼はあなたに弱いところを見せたんですよね。受け入れてほしかったんです。でも、あなたは軽くスルーしてしまった。早くこの暗い話題を打ち切りたい、というような気持ちはなかったですか？」

「たしかにそういう気持ちでしたが、スルーしたわけではありません。本当に仕事のミスなんて誰だってやるんですから、いつまでも落ち込んでいたって仕方ないと思うんです」

「でも、彼はあなたとは違うんです。自分と同じように彼も考えるべきだという意識でいては、彼の気持ちに寄り添うのは難しいですね」

「じゃあ、どうすればいいんでしょうか」

「まず、違うのが当たり前、ということからスタートしましょう。そうすると、自分の意見や感じ方を押し付けなくてすむようになります。そして、じっくり相手の話を聞く姿勢を示すこと。すぐに口をはさむのではなく、相槌を打ちながら、最後まで相手の話を聞いてください。それから、『それであなたはどう感じたの？』『そこのところがいやだったのね』などと言って、相手の気持ちを引き出したり、共感を示したりしてあげるといいでしょう」

「なるほど。私はいつも、すぐに励ましたり、もっとこうしたらと提案していました。それがよくなかったのですね」

「そうですね。相手の考えを変えようとか正そうとするのではなく、まず分かろうとすることが大切です。自分のほうに引き寄せるのではなく、あなたが彼に歩み寄るように心掛けるといいですね」

他人を変えることはできません。あなたを変えられるのはあなたしかいないように、その人を変えられるのは、本人だけです。過去と他人は変えられないと肝に銘じましょう。

パートナーは自分の気持ちを分かって欲しいのです。説教や提案が欲しいのではありません。ろくに話も聞かないで、ありきたりな励ましやアドバイスをすると、パートナーは自分を大切にしてくれていないと感じます。

パートナーの抱えている問題を、早く解決してあげようと考える必要はありません。それよりも共感を示して、気持ちを吐き出させてあげることが大切です。

レッツ　トライ！

あなたはパートナーの心に寄り添っていますか？　パートナーが悩みを打ち明けてきたとき、こんな態度をとっていないでしょうか？

当てはまるものがあれば、チェックを入れてみてください。

チェックリスト

□ もっとこうすべきよ、などと命令する。
□ そんなことじゃ駄目じゃない、などと非難する。
□ こうしてみたら、などと提案する。
□ そういうものなんだから我慢が肝心、などと説教する。
□ 分かる、分かる、頑張って、などと励ます。
□ それで何が問題なの？　などと質問する。
□ まあ、まあ落ち着いて、飲みに行こうか、などとごまかす。

チェックが付いた項目があれば要注意！　これからはそのような態度はできるだけ控え、パートナーに共感を示すように心掛けましょう。

第三章　今、幸福への旅が始まる

～ブロッサムゾーン～

自分達らしさを築こう

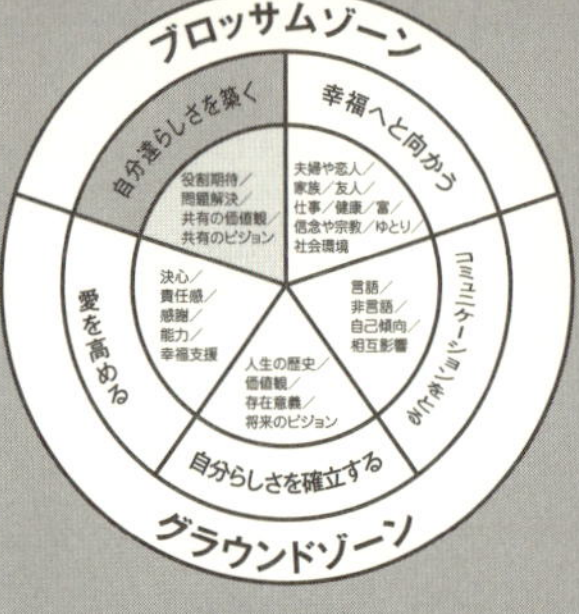

観点

パートナーとともに揺らぐことのない自分達らしさを築いている。

二人の幸せの形とは?

ブロッサムゾーンでは、二人で幸福になるにはどうしたらいいかを考えていきます。

幸せになりたいと願わない人はいないと思いますが、自分で自分を不幸にしている人が少なくありません。また、お互いに幸せになりたいと願っているのに、傷つけ合ってしまうこともあるでしょう。なぜそうなってしまうのかといえば、幸せになるコツが分かっていないからです。

誰でも、望みさえすれば幸せになれます。二人の幸せの形をまずイメージしてみましょう。

あなた達はどんなカップルでありたいと思っていますか？　一人ひとり個性が違うように、カップルのあり方もそれぞれです。

友達同士のようになんでも話し合える、互いに尊敬して高め合える、同志として協力し合えるなど、理想の形はさまざま。ああでなくては、こうでなくてはという決まりはありません。

まずは、どんなカップルでありたいのか、徹底的に話し合ってみましょう。どちらかが譲ったり、妥協したりすることなく、二人で納得のうえ、共通のビジョンを持つことが大切です。

これが、自分達らしさを築くことにつながります。

「私達はこうして生きていくんだ」

「これが私達の幸せの形だ」

ということがはっきりすれば、これから何をどうすればいいのかが見えてきて、最短ルートで目標にたどり着けます。

目標とは、もちろん幸福になることです。カップルの形は異なっても、最終的な目標は皆同じです。

二人のアイデンティティーを確立しよう

どのカップルも前述の作業を無意識にやっていることでしょう。日々の生活の中で、ぶつかったり歩み寄ったり、対立と和解を繰り返しながら、少しずつ分かり合っていくものです。その過程で疲れきってしまうこともあれば、気持ちのすり合わせが十分にできなくて、不本意な方向に進んでいくこともよくあります。

理解し合えるまでの長い道のりに嫌気がさして、別々の人生を選択するカップルも少なくありません。

愛し合う二人がその関係を幸せに続けられるように、男女社会学では、二人のアイデンティティーをはじめに築くことをすすめています。紆余曲折の末、いつのまにか確立できたというのではなく、意識して積極的に取り組み、最短ルートで幸福にたどり着くことを目指すのです。

二人の核となるものを最初につくり上げておくと、何があってもぶれませんし、嵐が来ても吹き飛ばされずにすみます。

二人のアイデンティティーを確立するには、次のような因子に沿って話し合うことが不可欠です。

★ 役割期待
★ 問題解決
★ 共有する価値観
★ 共有するビジョン

これらの因子について考察を深め、二人が共通の認識を持てたとき、幸福へと真っすぐに進んでいけるでしょう。

私が私達になったとき奇跡が起こる

あなたは、パートナーと愛し合う前は、一人の個として存在していたのです。愛に出会うときに備えて、まず自分らしさを確立しました。

そして、パートナーと出会い、愛し合う二人となり、自分達のアイデンティティーを確立し、「私」から「私達」になるとき、二人とも大きく成長できるのです。

単純に「1＋1＝2」ではありません。無限の可能性を秘めた二人になれるのです。

今まで見えなかったものが見えるようになり、感じなかったものも感じとれるようになります。それまで目に留まらなかった、野の花の可憐さに心が惹かれたり、抜けるような空の青さに、思わず息を呑んだりするようになるかもしれません。感性が研ぎ澄まされ、エネルギーがわき出て、愛はますます高まることでしょう。

その愛は、周りの人をもやさしく包み込み、幸せへと導くのではないでしょうか。二人で力を合わせれば、より豊かなイマジネーションが生まれ、個人の力ではとうてい成し得なかったことも成し遂げられるようになります。すばらしい社会貢献ができるのです。

あなたのアイデンティティーと彼のアイデンティティーが単に合体するのではなく、新たな二人のアイデンティティーとなることで、奇跡を呼び起こすのです。

このアイデンティティーは、揺らぐことのない基盤となって二人を支え続けます。もし、幸福への旅の途中で、迷いが出たり困難にぶつかったときは、初心に戻ってアイデンティティティーを再確認しましょう。自分達の進むべき道が、はっきり見えるはずです。
自分達らしさを確立することが、幸福の扉を開く鍵となるのです。

レッツ　トライ！

二人のアイデンティティーを確立していますか？　幸せの形をイメージしてみましょう。

★どんなカップルでありたいと思いますか？
★二人でどんなことを成し遂げたいですか？
★あなたはどんなことに幸せを感じますか？
★パートナーのどんなところを愛していますか？
★パートナーのどんなところを尊敬していますか？

自分達らしさの因子① 役割期待

観点
二人の役割が明確である。

パートナーができれば、互いに相手にいろいろな役割を期待します。もし、結婚すれば、夫であり、家族であり、ともに家庭を営んでいく同志でもあります。特に親密で大切な人だからこそ、パートナーにかける期待は大きくなります。

自分達らしさを築くには、まず、パートナーにどんな役割を期待しているのか、明確にしなければなりません。夫としての役割、家族としての役割、同志としての役割など、それぞれ期待することがあるでしょう。パートナーもあなたに期待しているにちがいありません。

互いにどうしてほしいのか、自分の気持ちを素直に伝え合いましょう、夫婦なのだから言わなくても分かってくれるだろうとか、当然やってくれるはずという思い込みは、すれ違いのもと。面倒でも気恥ずかしくても、一つ一つ話し合って、互いの気持ちを確かめていくことが大切です。

もちろん、どうしてもパートナーの期待に応えられないことも出てくるでしょう。そんなときは、どこまでなら応えられるのか、互いにできることとできないことを明らかにして、すり合わせていきましょう。

期待に応えてくれないからといってパートナーを責めたり、自分の意思に沿うように変えようとしてはいけません。人間が変わるのは、自ら変わろうと決意したときだけだからです。

そもそも太古の昔から、男性と女性とでは役割が大きく異なっていました。男性は狩りに出て食べ物を持ち帰り、女性は家にいて子どもを守ったのです。

そうした背景があるのですから、もともと、考え方や感性がかなり違うのです。女性は当たり前と思っていても、男性はまったく気付かないということがよくあります。悪気があるわけではないのですから、感情的になる前に、「なぜあなたはそうするのか、ちょっと教えてほしいの」と聞いてみましょう。

「私は、あなたにこういうことを期待しているの。だからこんなふうに振る舞ってくれればうれしいわ」

と、率直に話してみましょう。

パートナーに一方的に期待を押し付けるのではなく、互いに役割を果たし、パートナーに貢献したいという気持ちを持つことが何より大切です。

カウンセリング⑭　夫に父親らしいことをしてほしい

N子さんは結婚十三年目の専業主婦で、小学生の息子が二人います。夫は仕事が忙しく帰宅が遅くなることが多いため、ふだんあまり家族との接触がありません。地域の少年野球チームに所属している五年生の長男が、最近、「お父さんにも応援に来てほしい」と言うようになりました。

「長男のチームは、毎週日曜日に学校の校庭で練習をしています。選手のお父さんが監督やコーチをしていて、お母さん達も飲み物の用意などを手伝っています。時々、ほかのチームとの練習試合があって、ほとんどの家庭は両親そろって応援に行くのです」

「それは子ども達の励みになるでしょうね」

「でも、うちはいつも私だけなんです」

「なるほど。子どもさんのポジションは？」

「ピッチャーで3番です」

「おおっ、それはすごいですね」

「だから、よけいにお父さんに見てほしいと思うようで」

「それはそうでしょう。格好いいところを見せたいのでしょう。ご主人はどうして応援に行かれないのですか？　お仕事ですか？」

「いえ、毎晩遅いので、休みの日ぐらいはゆっくりしたいようです。その気持ちは分かるのですが、少しは父親らしいこともしてほしいのです。子どもが喜びますし」

「そうですよね。ご主人に息子さんの希望を伝えましたか？」

「はい、でも生返事をするばかりで」

「ご主人はお子さんに関心がないわけではないですよね」

「もちろん、主人なりにかわいいとは思っているはずです。でも、ぐだぐだ言って朝起きてこないし、練習を見に行ったり応援に行ったりすると、よその子の親と顔を合わせなくてはいけなくなるので、それが面倒なようです。あまり社交的なほうじゃないので」

「ご主人にしてみたら、それが一番のネックなのかもしれませんね。では、まずは家の前で、キャッチボールの相手でもしてもらったらどうでしょう。子どもが一生懸命になっているのを見れば、父親としてなんとかサポートしてやりたいという気持ちがわき出てくるはずです。自然に練習も見に行きたくなると思いますよ。今、お父さんがお子さんたちとしっかりコミュニケーションをとる習慣をつけておかないと、これから先、困るんじゃないでしょうか」

「そうですよね」

「思春期になったら、どこの家庭でもさまざまな問題が出てくるものです。お母さんだけでは解決が難しいこともあるでしょう。そのときになって突然お父さんが出ていっても、それまで会話がほとんどなかったら、子どもたちは聞く耳をもちません。今から、父親としての役割をきちんと果たして、よい父子関係を築いていかないといけません」

「本当にそうですよね。では、ハードルが低そうなことから頼んでみます」

「そうですね。その際、『父親としての役割をちゃんと果たしてよ』などと押し付けるような言い方は避けて、『リョウタがお父さんとキャッチボールしたいって言ってるから、ちょっと相手になってやってくれないかな』と、軽く背中を押すような感じで声をかけるといいでしょう。そのうち、お父さんのほうが夢中になって、『ぼくもコーチをやる』なんて言い出すかもしれませんよ」

「そうなってくれたらいいのですが。子どもと主人の仲を取り持つのは私の役目だと思いますので、さっそくこの週末からやってみます」

レッツ　トライ！

それぞれが役割を自覚し、果たしていくために何をすればいいか考えてみましょう。

★あなたはパートナーに対して、どんな行動や役割を期待していますか？

★それをどのように伝えていますか？

★パートナーはあなたに対して、どんな行動や役割を期待していると思いますか？

★あなたはその期待に応えるように努力していますか？

★お互いが期待している行動や役割について共通の認識を持つには、どうしたらいいと思いますか？

自分らしさの因子②　問題解決

観点
二人に問題が起きた時に、それを解決する方法をパートナーと見出している。

人生は幸福へと向かう旅です。目的地に着くまでに思いがけないアクシデントに見舞われることもあるでしょう。険しい山道を登らなければいけなくなったり、うっかり転んで大怪我をしてしまうことがあるかもしれません。

いつも順風満帆でハッピーだという人はまれです。何かしら問題が起き、悩み、苦しみ、立ち上がり、を繰り返して、少しずつ最終目的地に近づいていくのです。

問題が起こったときにどのように対処するか、自分達なりの方法を見出しておくと、いざというときに慌てずにすみます。

はじめは、それぞれのやり方で問題を解決しようとするでしょう。過去の経験に照らし合わせて、互いに自分がいいと思う対処法を提案するものです。

たとえば、共働きで二人とも忙しいとなると、家事の分担をどうするか、が問題になります。

「おれは家事なんてしたことがないから、ゴミ出しはするけど、あとは頼むよ。休みの日の買い物は手伝うからさ」

専業主婦の母親が、すべての家事をこなすのを見て育った夫はこう言います。

「私も働いているんだから、きちんと分担するのが当たり前でしょ。うちのお父さんはいつも手伝ってたわよ」

共働きの両親に育てられた妻はこう反論します。

そして、二人とも自分の主張を通すのにやっきになります。相手の意見を論破し、自分の正当性を認めさせるために言い争い、非難合戦に陥ってしまうのです。

いつのまにか、家事の分担よりも、どちらが勝つかに焦点が移っています。こうなると、問題の解決どころか、さらなる問題を引き寄せてしまいます。早い段階で、「じゃあ、どうすればいいかよく話し合おう」となればいいのですが。

長い人生、次から次へとさまざまな問題が起こります。そのつどけんかしていたのでは、心が離れるばかりです。

何か問題が発生したときは、次の三つの視点から考えてみてはいかがでしょうか。
①自己尊重
相手の意見は却下し、自分の望む解決法を採用する。
②他者尊重
①とは逆に、相手の望む解決法を採用する。
③自他尊重
双方が納得できるベストの解決法を新たに探し出す。


まず双方の考えを述べ、①の場合はどんな結果が得られるか、②の場合はどうか、それぞれに予想します。ここで、こちらの解決法がベストだという結論に達して、二人が納得できたら、それを採用すればいいわけです。

どちらかが異議を唱えた場合は③に移ります。パートナーの意見を尊重しながら、双方が心から納得できる第三の解決法を探っていくのです。このとき、パートナーに迎合したり、不満を抱えながら了承したり、解決をあきらめたりしてはいけません。粘り強く話し合うことが大切です。

問題が起こるたびにこのプロセスを繰り返すようにすると、二人の間に問題解決のルールができてきます。問題に向かう姿勢も確かなものとなり、よい選択、決定ができるため、二人の絆も強くなるでしょう。

また、お互いに落ち着いた気持ちでいるときに、あらかじめ問題解決のルールについて話し合っておくのも有意義なことです。ルールというと、堅苦しく感じるかもしれませんが、難しく考えなくてもいいのです。

どんなすれ違いや衝突が起きやすいか。ケンカになってしまったときはどのように仲直りすればよいのか。お互いのクセや、これまでにうまくいったこと、うまくいかなかったことなどを共有しておくと、次に問題が起きたときによりよい対応ができるようになります。

たとえば、こんな感じです。

「私は、何かトラブルが起こるとすぐカッとなって、ついきつく言ってしまいがちだけど、ケンカになってから後悔することが多いの。私が感情的になっていると思ったら、とりあえずなだめてくれると助かるわ」

「ぼくは思っていることをうまくまとめられないと黙り込んでしまうところがあるんだ。慌てずに、少し間をおいてから話し合ったほうがきちんと気持ちを伝えられると思う」

「私達は、嫌な問題にぶつかったとき、別の楽しいことで気分転換をすることばかり考えてしまうところがあるよね。そのときにちゃんと話し合う習慣をつけないとね」

仲良く過ごせているときにこうしたことを伝えるのは、気恥ずかしいかもしれません。しかし、日ごろからこのような話し合いをしておくと、いざ問題が起こったときに深刻にならずにすむものなのです。

カウンセリング⑮　家を買いたいが不安

O子さんは三十一歳のワーキングウーマンです。同年の夫と結婚して四年目。家賃が高いので、夫がマンションを買ったほうがいいのではと言い始めました。O子さんも反対ではないのですが、貯金が少なくローンを支払えるかどうか不安です。

「家の購入については、あなたも異存はないんですね？」

「はい。ですが、頭金が五百万円ぐらいしかないのに五千万もするマンションを買って、もしローンが返せなくなったらと不安なんです」

「五千万のマンションと、もう決めているのですか？」

「今住んでいる賃貸マンションから会社まで、二人とも二十分ぐらいで行けるので、すごく楽なんですね。それぐらいの距離で探すと、狭いマンションでもその値段になってしまうのです。でも、数年後には子どもも欲しいんです。出産後も仕事は続ける予定なので、ちょっと遠くなっても私の実家の近くがいいかなとも思って、それも迷っています」

「なるほど。たしかに共働きでは、ご実家のサポートがないと厳しいところがありますからね。そのあたりは、ご主人は何とおっしゃっているのですか？」

「夫は楽天的なので、あんまり深く考えていないようです。買うとなったら早く欲しいと言って、いさんでモデルルーム通いをしています。細かいことは気にしていないんじゃないでしょうか」

「では、一度奥さんの不安の内容を整理してみてください。お金や場所の問題、出産時期、育児のことなど、いろいろあると思います」

「そうですね」

「これらについて一つ一つご主人と話し合って、二人とも納得できたら、購入されたらいいんじゃないでしょうか。家は大きな買い物ですから、不安を抱えたまま見切り発車するのはよくないと思いますよ」

「それはそうですね。でも、夫は舞い上がっていますから、ちゃんと聞いてくれるかどうか……」

「『私達の未来にかかわる大切なことだから、ちょっと聞いてほしいの』と声をかけて、きちんと話し合うことが大切ですね。そして、なんとなく不安というのではなくて、どういうところが不安なのか具体的に示して、解決策を二人で考えていきましょう。たとえば、お金の問題については、頭金が一千万たまるまで頑張るとか、多少遠くなるけどもっと安いマンションにするとか、プロであるファイナンシャルプランナーにシミュレーションしてもらうのもいいでしょう。そうしているうちにご主人も冷静になってきて、現実的に考えられるようになると思いますよ」

「そうですね。やっぱり押し切られて買ってしまったりしたら駄目ですね。きちんと話し合ってみます」

「そうです。二人の問題ですから二人で考えましょう。これがベストだと双方が納得して選択したことなら、後悔しなくてすむと思いますよ」

レッツ　トライ！

あなた達は問題が起こったとき、どういうふうに解決していますか？　今までのやり方を振り返り、これからどうすればいいか考えてみましょう。

★これまでどんな問題が起こったか、書き出してみましょう。

★そのとき、どういう解決策をとりましたか？

★その結果について後悔していませんか？

★もし、後悔しているとしたら、どんなことでしょうか？

★これから、問題が起こったら、どういうふうに解決していきたいと思いますか？

自分達らしさの因子③　共有の価値観

観点
二人にとって大切な価値観が明確である。

パートナーと一緒に暮らし始めると、多かれ少なかれさまざまなカルチャーショックを受けることでしょう。もともと男性と女性は考え方がかなり異なります。その上、生育環境もこれまでの経験も生活習慣もまるで違うのですから、互いに慣れるのに時間がかかります。そのプロセスの中で、互いの考え方や価値観を確かめ合い、少しずつ理解が深まっていくのです。

はじめは衝突するのが当たり前ですから、それを避けようとしてはいけません。価値観の違いに驚いたり、何を優先するかで論争になったりすることもあるでしょう。それはとても自然なことで、はじめからすべてがぴったり一致するなんてあり得ないのです。

「えっ！　あなたはそう考えるの？　おもしろいわ。もっと詳しく教えて」

こんなふうに、パートナーを知るよいチャンスと前向きにとらえて、きちんと向き合うようにしてください。パートナーを怒らせたくない、時間がない、面倒くさい、などとうやむやにしていると、いつのまにか溝ができ、最悪の場合は修復不能になってしまいます。

二人で生活していく以上、ささいなことから人生に影響を与える重大なことまで、ともに、さまざまな判断や選択を重ねていかねばなりません。たとえば、休日はどのように過ごすか、賃貸に住むのか家を買うのか、子どもを持つのか持たないのかなど、日ごろから二人の価値観をすりあわせ、二人にとってもっとも大切なことは何か、共通の認識をつくり上げていくことが大切です。

二人が価値観を共有することによって、適切な選択ができ、二人らしい人生を歩んでいけるのです。

カウンセリング⑯　玄米菜食を貫きたい

　Ｐ子さんは新婚です。実家は玄米菜食だったので、自分も夫の健康のためにと思い、玄米菜食を基本とした食事を作っていました。ところが、夫は「玄米はまずいのでいやだ」と難色を示すため、どうしたらいいのか困っています。


「ご主人とよく話し合ってみましたか？」

「はい、どんなに玄米菜食が体にいいか説明しましたし、いろいろな資料や本も見せました。玄米菜食で育った私自身が健康であることが、一番の証しですし」

「ご主人は何と？」

「『健康にはいいのかもしれないけど、自分はふつうの白いご飯がいい。肉も大好きだから、野菜料理だけじゃいやだ』と言って、作ってもあまり食べてくれないんです」

「ご主人にはご主人の好みがあるのですから、奥さんの主義をひたすら押し付けるのはいかがなものでしょうか？」

「でも、夫の健康のためを思ってそうしてるんですよ。私はマクロビオティックの勉強もしました」

「きちんと勉強されたのはすばらしいと思います。健康によいものを食べさせてあげたいというP子さんの気持ちもよく分かります。でも、食事はおいしく楽しく食べるのが基本ですよね。食事のことで険悪になるのだったら、P子さんも少し譲ったらどうでしょう」

「でも、今はおいしく感じられないかもしれませんが、食べているうちに慣れると思うんです。病気になりたくなかったら、玄米菜食が一番なんだから、って何度も言っているのに、聞く耳をもたないんです」

「その気持ちは分かりますが、ご主人の身にもなってあげてください。大好きだったお肉は食べられないし、毎日毎日玄米菜食を強制されたらよけいに食べる気が失せてしまうかもしれません。今、P子さんのされていることは話し合いではなく、押し付けではないかと私は感じました。ご主人の訴えにまったく耳を傾けていないように思えます」

「ですけど、私には夫の健康を守る義務があります。いつまでも元気に働いてほしいんです」

「それはすてきな考えだと思います。ただ、夫婦にとって一番大切なことは何だと思われますか？　玄米菜食を実行することが最優先でしょうか。ご主人がいつも不機嫌でいいのでしょうか？」

「……」

「笑顔で食卓を囲み、楽しくおしゃべりをするにはどうしたらいいか、考えてみませんか？　ご主人の『おいしい』という言葉を聞きたいと思いませんか？　これから長い人生を二人で手を携えて歩いていくんですよ。何を最優先にしなくてはいけないか、おのずと分かると思うのですが」

「そうですね。いつも夫に笑っていてほしいです。明るい楽しい家庭をつくりたいと思って結婚したのです。もう一度考え直してみます」

「そうですね。よく話し合ってみてください。あなたの思いを伝えながら、しっかりとご主人の希望も聞いてあげてくださいね」

「そうします。今までごり押ししてごめんなさいと、謝ろうと思います」

レッツ　トライ！

二人の共有の価値観は何でしょう。じっくり二人で考えてみましょう。

★共有の価値観について話し合ったことがありますか？
★二人にとって、どうしても必要というものがありますか？
★二人で何をしているときが、一番ワクワクしますか？
★今の最優先課題はなんですか？
★二人にとって一番大切なことは何ですか？

自分達らしさの因子④　共有のビジョン

観点
二人で実現したい具体的な夢や目標を持っている。

ビジョンとは、将来の構想とか展望という意味ですが、もっと分かりやすく言えば「夢」や「目標」です。個人のビジョンもあれば、二人のビジョンもあるでしょう。

「一年に一度は家族旅行に行こうね」

「子どもは二人は欲しいね」

「五年後には家を買いたいね」

「五十年後には、ペットと一緒に楽しく田舎で暮らしたいね」

どんな夢でも、二人がかなえたいと思うものならいいのです。

意外に、パートナーに「あなたの夢は何？」「これから夫婦としてどうしていきたい？」とは聞かないものです。それぞれに「こうなればいいなあ」と、ひそかに思っていることが多いのですね。

二人の共通の夢が分かっていれば、二人一緒に生きていくのが、もっと楽しくなります。それに向かって頑張ろうという意欲がわきますし、多少のトラブルやすれ違いがあっても乗り越えていけます。

夢は二人の生きる原動力となり、絆をいっそう強めてくれます。ビジョンが明確であればあるほど、何をすべきかはっきりするので、実現に向けて積極的に行動できます。ぜひ、共通の具体的なビジョンを持ちましょう。

そのためにはまず、理想の未来をそれぞれに描いてみるのです。パートナーの理想に影響されたり、とらわれたりしないで、「私はこんな二人になりたい」「こんな幸せをつかみたい」と、自由な発想で書き出してみましょう。

その後、お互いの夢や理想を伝え合って検討してみます。一致している点や異なっている点、いいなと思った点、こだわっている点、相手の理想についての感想、などを率直に話し合いましょう。

すると、徐々にイメージが固まり、二人の幸せな未来の姿が見えてくるでしょう。できれば、短期目標、中期目標、最終的な目標と、それぞれに考えてみるといいですね。

カウンセリング⑰　海外ロングステイが夢だけれど、夫は……

Q子さんは結婚十年目のワーキングウーマンです。子どもはつくらず、猫と夫と暮らしています。定年まで働いてリタイアしたら、インドネシアのバリ島やマレーシアなどにロングステイして、のんびり過ごすのが夢です。でも、夫は住み慣れた日本で、趣味のカヌーを楽しみたいと言うのです。


「海外ロングステイを夢見るようになったきっかけは？」

「私は今四十二歳ですが、私達の世代では年金もあまりあてにできません。毎日二人であくせく働いて、老後も必死に切り詰めて生活しなくちゃいけないなんて、本当に夢も希望もありません」

「それはそうですね。少しはのんびりしたいですね」

「そうなんです。それでテレビの特集番組を見て、これだ！　と思ったんです。定年後は物価の安い東南アジアに住んでゆったり過ごそうと。だって、日本では広い一戸建てなんて夢のまた夢じゃないですか。バリ島やマレーシアに行けば、かなえられるんですよ。メイドさんも雇えるし、ゴルフもし放題です」

「ゴルフはされているのですか？」

「いえ」

「語学は？」

「いや、それもまだです。夫は言葉が不自由なところで暮らすのはストレスがたまるし、友達もいないからいやだと言うんです」

「ご主人は、カヌーが趣味なんですか？」

「はい、学生時代からやっていて、今も地元のカヌークラブに入って、月に一度は川下りを楽しんでいます。今は大会に向けて特訓中です」

「リタイア後もその趣味を続けていきたい、とご希望なんですよね」

「そうです。カヌー仲間もいっぱいいますし」

「では、その夢もかなえてあげないと気の毒ですよね」

「それはそうなのですが」

「リタイアするまでにまだ二十年ぐらいありますよね。もしロングステイをするのなら、それに備えて語学の勉強をしたほうがいいでしょうし、どの国のどのあたりに住めばいいいか、詳しく調べなくてはいけませんね」

「そうですね」

「両方の夢をかなえられる場所があるかもしれませんし、半年は海外、半年は日本という暮らし方でもいいかもしれません」

「それもそうですね。オーストラリアとかニュージーランドならカヌーも楽しめるかもしれませんね」

「だったら英語を勉強しなくちゃいけませんね。そんなふうに、二人の夢を実現するにはどんな方法があるか、しっかり情報を集めて具体的に検討してみたらどうでしょう。今はただテレビを見て、いいなあとあこがれているだけですよね」

「そうです。まだ何もアクションは起こしていません」

「海外ロングステイをするために、あなたが本気で語学の勉強に取り組むとか、実現に向けて努力しているのを見ると、ご主人も行ってみようと思うかもしれません。ご主人の夢も尊重して、二人が納得できる形を探していったらどうでしょう?」

「そうですね。夫だってかなえたい夢があるんですものね。とにかく二人で老後を楽しくのんびり暮らせればいいわけですから、どんな方法があるのか積極的に調べてみます」

レッツ　トライ！

二人の共有のビジョンがありますか？　ワクワクするようなビジョンは、困難を乗り切る原動力になります。じっくり二人で話し合ってみましょう。

★　あなたの夢は何ですか？

★　パートナーはどんな夢を持っているのか聞いてみましょう。

★　二人で将来の夢や理想について話し合ってみましょう。

★　その夢を実現するために何をすればいいのか、話し合ってみましょう。

★　一年後、五年後、十年後……と、二人の目標を立ててみましょう。

幸福へと旅立とう

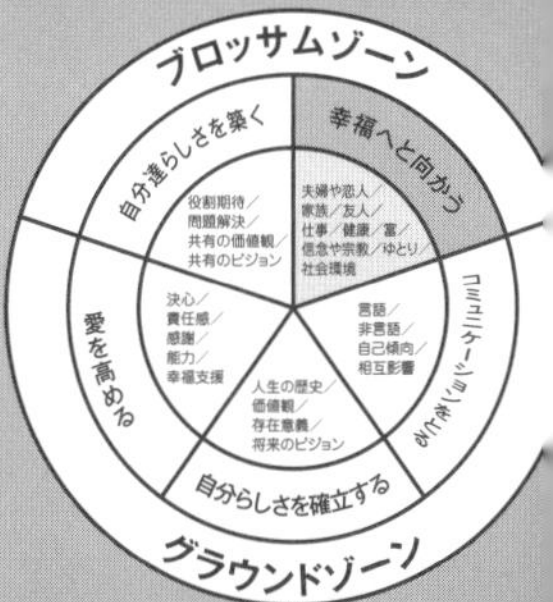

観点
二人にとっての幸福が何かを知り、その幸福を感じられるように努力している。

幸福とは何だろう?

幸福とは「不平や不満がなく、心が満ち足りた状態」をいいます。でも、人間は何かしら、不平や不満を見出してしまうもの。なかなか穏やかな気持ちを保つのは難しいですね。いつの世もそうだったのか、古代ギリシャ時代から現代まで、幸福についてたくさんの人が繰り返し論じてきました。幸福をテーマにした文学作品も多く、中でもメーテルリンクの『青い鳥』はあまりにも有名です。幸せになれるという青い鳥を求めてあちこち旅しても見つからず、結局、家の中に探し物はあった、というストーリーは示唆に富んでいます。幸せはすぐそばにあってもなかなか気付かないもの。日々の暮らしの中の小さな幸せに気付き大切にしよう、というわけです。

幸せは主観的なものです。たとえば、仕事が忙しくて休む暇もないというとき、「私はこんなに頼りにされているのね」と喜ぶ人もいれば、「なんで私ばかりこんなにこき使われるの」と、いらつく人もいます。どちらの人が幸せになりやすいか、いうまでもないでしょう。

このように、幸せは一人ひとりの心の中にあります。自分が幸せだと感じれば幸せですし、不幸だと感じれば不幸なのです。はたから見ると順風満帆であんなに幸せな人はいないと思えても、本人がそう感じていなければ幸せではありません。

幸せかどうかを決められるのは、本人だけなのです。

幸福の九因子とは？

では、どんなときに人は幸せを感じるのでしょうか。「試験に合格したい」「マイホームを建てたい」「お店を持ちたい」などの具体的な目標や夢がかなったとき、長年の悩みが解決したとき、病気から回復したとき、楽しい時間を過ごしたときなどには、幸せだなあという思いが込み上げることでしょう。

また、パートナーの夢を一緒にかなえることに幸せを感じる人もいますし、家族そろって楽しく食卓を囲むのが幸せという人もいます。

男女社会学では人が感じる幸せを、「夫婦や恋人」「家族」「友人」「仕事」「健康」「富」「信念や宗教」「ゆとり」「社会環境」の九つの因子に分類しています。これを「幸福の九因子」といいます。それぞれの因子について考察を深めていけば、幸せをより実感できるようになるでしょう。

人間は本能的に幸せを求める生き物ですが、自分だけが満たされていても幸せにはなれないものです。パートナーや子ども、両親、兄弟など、身近にいる大切な人達が不幸なら自分も幸せを感じることはできないのです。人とのつながりの中で、幸せは育まれていくのです。

男女という視点から見ると、まず、「惹かれ合うこと」そのものから生まれる幸せがあります。恋をしているときほど、世界が輝いて見えるときはありません。相手のしぐさや言葉の一つ一つに幸せを感じられるでしょう。

さらに「愛し合うこと」から生まれる幸せもあります。愛し愛されることは、人間の最大の喜びといってもいいでしょう。愛するパートナーが支えてくれるからこそ、試練に耐え、困難を乗り越え、幸福への道をひた走ることができるのです。

もっとも、何を幸福と感じるかは人によって異なります。二人にとっての幸福とは何か、よく話し合ってみましょう。大切にしたい気持ちや感情を伝え合い、幸福に向かってそれぞれが精一杯の努力を続けていくことが大切です。

レッツ　トライ！

あなたは今、幸せを見つけ、向かっていますか？　幸せについて考えてみましょう。

★あなたは幸せになろうと決心していますか？

★あなたにとっての幸せとは何ですか？

★二人にとっての幸せとは何ですか？

★ずっと大切にしていきたい気持ちや感情がありますか？

★パートナーを幸せにするために、どんな努力をしていますか？

幸福の因子① 夫婦や恋人

観点
夫婦や恋人の関係において、何が幸せかをパートナーと見つけ、向かっている。

夫婦や恋人、つまり男女の関係における幸せとは何でしょう。もちろん、一番の幸せは愛し愛されることですね。

男と女が惹かれ合い、愛し合い、新たな命が誕生する――。こうして人類は命をつないできたのですから、もともと、それぞれのDNAに異性への愛が組み込まれているはずです。男性と女性は惹かれ合い、恋に落ちるようにできているのです。

そして、愛を保ち続けられるようにと願って、結婚という制度が生み出されたのです。

結婚するときには誰しも永遠の愛を誓います。この人と幸せになろうと決意して、輝かしい未来を夢見て新たなスタートを切るのです。

ところが、夫婦になると緊張感も思いやりも薄れ、いつのまにか、「愛情」の「愛」はどこかへ消えてしまい、「情」だけでつながっている関係になりがちです。永遠の愛を誓ったはずなのに、今や三組に一組の夫婦が離婚するのです。離婚経験者も珍しくない時代になりました。

その一方で、白髪になっても豊かな愛情に包まれているカップルも数多く見受けられます。この違いは何なのでしょう。

結婚して夫婦としての日々を積み重ねていくなかで、どれだけ努力して愛を育んできたか、これまでの二人のあり方が問われているのではないでしょうか。努力すればするほど愛は大きくなり、その分、幸せも満ちてきます。

カップルとしての幸せを十分に感じ取れなくなった人は、これまでの道のりを振り返り、関係を再構築しましょう。今からでも遅すぎるということはありません。あなたが変われぱパートナーも変わります。コミュニケーションを十分にとり、ともに行動し、居心地のよい空間をつくるように心掛けてください。

カウンセリング⑱　夫と離婚したい

　R子さんは三十二歳。結婚三年目の専業主婦です。七歳年上の夫は一流大学を卒業して一流企業に勤めており、かなりの高収入です。高級マンションも買い、周りの人からうらやましがられる生活ですが、寂しくて離婚まで考えるようになってしまいました。

「友達も両親も、いい人と結婚できてよかったねと言うのですが、私は離婚を考えています」

「なぜですか？」

「夫は超多忙で、ほとんど毎晩、午前さまです。私はいつも一人で晩ご飯を食べなくてはいけません。帰ってくるまで待っていても、『先に寝てろと、いつも言ってるだろ』と不機嫌そうに言うだけ。こんな生活はもういやです」

「日中は何をしているんですか？」

「することがないので掃除をしています。いつも部屋をきれいにしておきたいので、隅から隅まで磨きあげています」

「それはいいことですが、気分転換に、趣味を持ったり働きに出たりされたらどうですか？」

「フラワーアレンジメントを習ったり、英会話サークルに入ったりはしていて、それなりに楽しいですが、家に帰ると寂しくなるんです。働きに出ることも考えましたが、そろそろ赤ちゃんが欲しいのでためらっています。でも、セックスもほとんどないんです」

「毎晩、帰りが遅いからですね。ご主人は休日はどうされているのですか？」

「寝ているか、接待ゴルフか、実家に行くかです。新婚時代からずっとそれで、私は寂しくてたまらないのです。何のために結婚したのか分かりません。とにかく、ほとんど会話がないのが一番つらいです」

「それはそうですね。でも、離婚はいつでもできますから、ちょっと工夫してみましょう。たとえば、テーブルに毎晩メモを置いておくのはどうでしょう」

「どんなメモですか？」

「『いつもお疲れさま』とか『あまり無理しないでね』とか、相手をいたわるような言葉を一言だけ書くといいですね。長い文章は避けてください。相手を責めたり、自分の寂しさを訴えたりしがちになりますから。そうではなくて、相手を気遣う言葉がいいですね」

「一言なら簡単だし、さっそく今晩からやってみます」

「それと、自分自身の生きがいを持つことも大切です。もし、離婚したらどうやって生活していくのですか？　そのときに備えて資格を取ったり、本当に好きな趣味に打ち込んだりして、ただ待っているだけの生活から抜け出しましょう。まだ若いのですから、これからできることはいろいろあると思いますよ」

「そうですね。そう思うとちょっと楽しい気分になってきました。夫との関係の修復もとっくにあきらめていたのですが、もう少し頑張ってみます」

「そうですよ。大好きだったから結婚したんですよね。そのときの気持ちを思いだしてください。ちょっとした一言で、心地よい関係に戻れることはよくあります。あなたの努力は必ず相手に伝わりますからね」

レッツ　トライ！

パートナーと一緒に幸せになれる、と確信していますか？　二人の幸せについて考えてみましょう。

★今どんな幸せを感じていますか？

★幸せを維持するために、日々工夫していることはありますか？

★幸せを感じられない人は、何が障害になっているのか考えてみましょう。

★その障害をどうしたら取り除けるのか、考えてみましょう。

★パートナーと協力して、障害を取り除く努力をしましょう。

幸福の因子② 家族

観点
家族との関係において、二人にとって何が幸せかを見つけ、向かっている。

家族は幸福をもたらしてくれる、最大の因子の一つといえるでしょう。

結婚して子どもが生まれることそのものが、大きな幸せです。赤ちゃん誕生の喜びは何物にも替え難いものです。さらに、育児も大きな喜びを与えてくれます。

子育ては夫婦の共同作業です。妻と夫というだけではなく、母親、父親という役割も加わり、よりいっそう二人の絆は強くなるでしょう。パートナーとともに、日々成長していく子どもを見守るのは、一番の幸せかもしれません。

温かな感情が行き交う家庭があると心が安定します。よい家族関係は、幸せになる必須の要素といえます。

そのために、もっとも大切にしなければならないことは、やはりコミュニケーションです。家族だからと甘えておろそかにしてはいけません。日々の出来事を、食卓を囲みながら楽しく話し合いましょう。ともに喜び、悲しんでくれる人がいるからこそ、喜びは倍になり、悲しみは半減するのです。

また、自分の両親やパートナーの両親ともほどよい距離を保ちながら、いい関係を築いていかなければなりません。身近な人との関係が良好かどうかは、幸福感に大きな影響を及ぼします。自分の周りにいる大切な人達に対して感謝を忘れず、いつも笑顔で接するように心掛けましょう。

カウンセリング⑲　義父母との関係がうまくいかない

S子さんはフルタイムで働いており、小学生の子どもが二人います。夫の両親と同居しているのですが、いわゆる嫁姑問題に悩まされ、最近は義父母の顔を見るのもいやになってしまいました。

「一応二世帯住宅になっていて、結婚当初から同居しています。もう十二年になります」

「それはよく頑張りましたね」

「同居なら子どもを見てもらえるので、私は安心して仕事を続けられます。互いにメリットがあるのではないかと思ったんです。でも、甘かったですね」

「どういうふうにぎくしゃくしているのですか？」

「姑も舅もずっと家にいるのですが、家事をほとんどしません。まだ七十歳前でどこが悪いわけでもないのに、料理も作らないし掃除もしません。結局フルタイムで働いている私が、すべてやる羽目になってしまいます」

「それは大変ですね。ご両親はまだ若いのですから、家事や身の回りのことぐらいは自分でやっていただきたいですね」

「そうなんです。それでいつも夫とけんかになるんです。ちょっとは私の身になって、義父母にがつんと言ってほしいのですが、なかなかそれができないみたいで」

「最初に、ご両親と役割分担などを話し合っていなかったのですか？」

「はい。それが一番よくなかったと思います。先日も夫と大げんかになって『もうたくさん！　私はスーパーマンじゃないんですからね。何から何まで一人でこなすなんて無理よ！』と叫んだら、姑が聞きつけて『長男の嫁なんだから、あなたが全部やるのが当たり前でしょ！』と怒鳴るんですよ。ますます頭に来て、家を飛び出したんです。一時間ぐらい外で頭を冷やして帰りましたけどね」

「なるほど。『やるのが当たり前』と言われるのはつらいですね。これを機に夫婦でよく話し合ってみてはどうでしょう。働きながら二世帯分の家事をすべてこなすのは大変ですから、解決策を考えなくてはいけませんね。ご両親が元気な間は、ご両親のためにも別居が望ましいと思いますけれど。そのあたりも含めて検討なさってはどうですか?」

「そうですね。別居の話は何度か出ているのですが、そのつど夫に頼み込まれてうやむやになっているのです。今度はきちんと話し合ってみます。このままだと私も精神的におかしくなりそうですから」

「そうです。それが一番困ります。お母さんはいつも笑顔でいなくては。お子さんたちにも悪影響を与えてしまいますよ」

「本当にそうですね。夫は頼りないけれどやさしいところもあるので、真剣に話せば分かってくれるかもしれません。お金より何より、穏やかな気持ちで暮らしたいです」

レッツ　トライ！

よい家族関係を築いていますか？　家族への思いを確かめてみましょう。

★家族といつもコミュニケーションをとるように心掛けていますか？
★一家団欒の時間を大切にしていますか？
★素直に自分の気持ちを話していますか？
★家族とともに行動することが多いですか？
★家族に日々感謝をしていますか？

幸福の因子③　友人

観点

友人との関係において、二人にとって何が幸せかを見つけ、向かっている。

人間は一人では生きていけません。たくさんの人とのかかわりのなかで、社会性やコミュニケーション能力を身に付けていくのです。

充実した人生を送るには、よき友人は不可欠です。幼いころは、けんかをしたり遊んだりしながら、相手の気持ちを汲み取ったり思いやったりするすべを学びます。思春期には、ともに考え、切磋琢磨することによって、人間的に大きく成長していきます。大人になれば、家族には言えない悩みや愚痴を聞いてもらうこともあるでしょう。

振り返ってみると、その時代、時代に、あなたとともに学び、笑い、泣いた友人がいたはずです。彼らが家族とともにあなたを支えてくれたのですね。

さまざまな友人とのお付き合いは、あなたの人生をより豊かにし、幸せをもたらしてくれるでしょう。

お互いが友人とどう付き合っていくか話し合い、理解を深めることも大切です。自分の友人をパートナーに紹介することも、友人関係や友人観を分かち合うのに役に立つでしょう。お互いが気持ちよく友人との関係を楽しめるような状況をつくることが大切です。

カウンセリング⑳　友人と会う機会が減り、寂しい

T子さんは三十五歳。四歳と二歳の子どもがおり、上の子の出産を機に専業主婦となりました。だんだん、飲み会に誘われなくなり、友人と会う機会が減りました。なんとか前のように仲良くしたいのですが……。

「以前は月に一度は四人で飲みに行ってたんです。学生時代からの仲間で、それぞれ仕事は違うのですが、気が合って本当に楽しかったんです。でも、今はせいぜい年に一〜二回かなあ。なんだか私だけ避けられているような気がして……」

「ほかの方々も、やはり家庭に入っていらっしゃるんですか？」

「いいえ、二人は独身で働いていて、もう一人は去年結婚しましたが、共働きで子どもはいません」

「なるほど。T子さんには幼いお子さんが二人もいらっしゃるのですから、夜の飲み会には出にくいですよね。だから、皆さん気を遣って誘うのを控えているのではないでしょうか？」

「そうかもしれませんが、今は下の子も二歳になったので、週末なら夫に預けて出られます。そのようにみんなにも伝えているのですが」

「これまではどうだったのですか？」

「妊娠中はアルコールは控えていたので、私はソフトドリンクを頼んでいました。たしかに、みんな気を遣ってくれていましたね。上の子が生まれてからの四年間は、飲み会は断ったりドタキャンすることが多かったと思います。授乳中は夫に預けていうわけにはいかなかったし、続けて次女も生まれて、突然子どもたちの具合が悪くなったりすることもよくありましたから。でも、子どもが小さいうちは仕方がないですよね。ほかの三人は、子どもがいないから分からないでしょうけど」

「そんなふうに、それぞれの環境が違ってくれば、以前のようなお付き合いをそのまま続けていくのは難しいですよね」

「それはそうですけど、『もう大丈夫、出ていけるよ』ってみんなに言っているのに、なかなか誘ってくれないんですよ」

「いくらあなたがそう言っても、お友達にしてみれば今までのこともあるし、誘いにくいのではないでしょうか。もう大丈夫とおっしゃいますが、まだ二歳なんですよね。話題も違うでしょうし」

「そうですね。私が子どもの話をしても、みんなあんまり熱心に聞いてくれません。それも不満なんですけど」

「あなたの最大の関心事はわが子のことでしょうが、お友達にとってはそうではないですよね。相手の身になって考えてみてください。あなたが独身のころ、他人の子どもの話をいつも喜んで聞いていましたか？」

「……」

「今は焦らず、年に一〜二回のお付き合いを楽しまれたらどうでしょう。友達は一生ものです。信頼される人間になるように、自分を磨く努力をしてください。そのうち、また互いに必要となるときがきっと来ると思いますよ」

「そうですね。言われてみれば、私も自分の都合ばかり押し付けすぎたと思います。心を入れ替えて、よい友達になれるように努力していきます」

レッツ　トライ！

友人とよい関係を築いていますか？　友人との付き合い方を振り返ってみましょう。

★悩みを相談できる友人がいますか？
★刺激を与え合い、切磋琢磨できる友人がいますか？
★お互いの友人関係についてパートナーと話していますか？
★二人の共通の友人がいますか？
★二人の関係と、それぞれの友人付き合いとのバランスはとれていますか？
★あなたにとって友人とはどんな存在ですか？
★パートナーにとって友人とはどんな存在ですか？

幸福の因子④　仕事

観点
仕事に関して、二人にとって何が幸せかを見つけ、向かっている。

仕事は人生の重要な部分を占めています。報酬を得られるだけではなく、能力を発揮して成果を上げると、達成感や有能感も味わえますし、社会貢献もできます。

仕事が充実していればいるほど、幸福感は増します。今は女性も積極的に仕事をこなすのが当たり前の時代です。仕事が生きがいという人も多いことでしょう。

ただし、「評価されたい」「実績を上げたい」という思いが強すぎて、ワーカホリックにならないように注意しましょう。特に、まじめで頑張り屋の女性は、男性に後れをとるまいと無理を重ねがちです。なかには残業も徹夜もいとわず、滅私奉公してしまう人もいます。そこに家事が加わるとさらに大変ですね。その結果、心身のバランスを崩す人は少なくありません。

心や身体が悲鳴をあげる前にちょっと立ち止まり、深呼吸をしましょう。いったい何のために働いているのか、二人にとってどういう働き方がいいのか、今一度見つめ直してみるといいでしょう。

人生において、仕事に費やす時間は膨大なものになります。だからこそ、幸せを感じる働き方をしたいものです。やりがいがあり、生き生きと意欲的に取り組める仕事が望ましいですね。

また、仕事を前向きに楽しむには、二人の関係がよいリフレッシュの場になるよう努力することも大切です。

カウンセリング㉑　転職するかどうかで迷っている

U子さんは、編集プロダクションで編集の仕事をしています。毎晩遅くまで残業するのは当たり前で、彼とのデートもままなりません。あまりの激務に胃の調子が悪くなってしまい、胃薬が手放せません。転職を考える日々です。


「いつも胃がキリキリ痛むし、吹き出物がひどくて、鏡を見るのもいやなんです」

「生活が不規則になっているのですね」

「はい。食事の時間もバラバラですし、帰宅が午前さまになることもしばしばです。もう疲れ果ててやめたいのです。彼もそう勧めてくれます。平日はもちろんデートどころではないし、週末も仕事を持ち帰ることがよくありますから」

「そうですね。相当調子が悪そうですね。体を壊したら元も子もないので、そういう働き方しかできない職場なら、退職もやむを得ないですね」

「やはり、そうですよね。ただ、転職といっても、もう三十四歳ですし、雇ってくれるところがあるかどうか。それに、どんな仕事をすればいいのかも分からないんです」

「あなたが好きなことはどんなことですか？　何か興味があるものはないですか？」

「うーん、私はやはり本が好きですね。だから、編集者になったんです」

「好き、を仕事にするのが一番ではないですか？」

「でも、出版社や編集プロダクションはどこも一緒です。激務だし時間は不規則だし、同じことの繰り返しになってしまいます」

「では、独立してやったらどうですか？　それなら、ある程度融通が利くのでは？」

「そうですねぇ。収入はがっくり減るかもしれませんが」

「でも、一番大切なことは、自分が幸せを感じられるかどうかではないでしょうか？　まずは身の丈サイズで始めて、少しずつ広げていくと無理しなくてすむし、儲けは少なくても満足できるのでは？」

「それはそうですね。仕事一辺倒ではなくて、これからはプライベートも充実させたいのです。フリーになって、自分のやりたい仕事、やりがいのある仕事を選んでやっていければいいなあ。結婚しても両立させやすいですし、編集の仕事なら今までのキャリアも生かせますしね」

「仕事もプライベートも充実させるのは不可能ではありません。かえってメリハリをつけたほうが、頑張ろうというエネルギーがわいてくるのです。自分が楽しいと思うことをどんどんやってみましょうよ」

「そうですね。今まではやらされている感じでストレスがたまる一方でしたが、同じ仕事でも自分で自由にやれると思うと、やる気になりますね。独立がいいかもしれません。彼にも相談して、よく考えてみます」

レッツ　トライ！

二人にとってどんな働き方が幸せでしょう。働く意味をよく話し合ってみましょう。

★仕事に幸せを感じていますか？
★二人にとって、仕事はどんな意味を持っていますか？
★二人にとって、どんな働き方が理想だと思いますか？
★パートナーの仕事をどのように応援しますか？
★仕事をする上で、何を最優先にしていますか？
★意欲的に楽しく仕事をしていますか？

幸福の因子⑤　健康

観点
健康に関して、二人にとって何が幸せかを見つけ、向かっている。

健康は、幸福感を左右するもっとも大きな因子といえます。どんなに富や名声を得ても、健康でなければ晴れやかな気分にはなれません。健康であることそのものが幸福感につながり、ストレスが減るので、さらに健康になるという、よい循環ができます。

体のどこかに不調があると、活動能力が落ちるため、充実した生活を送りにくくなります。バランスのよい食事や適度な運動、十分な睡眠などを心掛け、心身の健康を維持することが大切です。

男女社会学では、健康に関しては、体の健康はもちろん、心の健康も大切だと考えています。

心の健康と体の健康は密接な関係があります。精神的なストレスが、体の不調を招くことはよく知られています。意欲も低下し、無気力になるので、生活を楽しめません。

心は目に見えないため、知らず知らずのうちに疲れをためこみがちです。ふだんから趣味を持ったり、友達とおしゃべりをしたり、リラックスできる時間を意識的につくったりして、心をいたわるようにしましょう。

また、健康には、自然や宇宙といった広大なもの、あるいは霊や魂といった目には見えないものとの関係の中で培われるものもあります。

こうした健康がきちんと保てているとき、人間は幸福を感じます。どのようにして維持していけばいいか、二人でよく話し合ってみましょう。

カウンセリング㉒　夫の様子がおかしい

Ｘ子さんは四十二歳のパートタイマーで、二人の子どもがいます。最近、商社勤務の夫の様子がおかしく、会社も休みがちです。うつ状態に見えるのですが、どうすればいいのか分かりません。

「どんなふうにおかしいのですか？」

「朝起きられないし、ぼうっとして暗い顔をしています。会社もしょっちゅう休むので不安でたまりません。以前はこんなことはなかったし、あまりの変わりように驚いています」

「食欲はどうですか？」

「あまりないですね。大食漢だったのに、少ししか食べません」

「夜は眠れているようですか？」

「夜中にゴソゴソしていることが多いから、眠れてないんだと思います。私はパートに出ているので、日中はどうしているのかよく分からないんですが」

「やはり、うつが疑われますね」

「私もそう思うんです。どうしたらいいでしょう?」

「会社を休んでいても責めないようにしてください。頑張ってと励ますのも禁物です。本人も焦っているのですから、追い討ちをかけるようなことは言わないようにしてください」

「はい。でも、あの暗い顔を見ていると、イライラしてしまうのです」

「病気がそうさせているのです。ご主人が悪いわけではありません。まずは、話をよく聞いてあげましょう。その際、『そう思っているのね』とか『そんなふうにつらいのね』というように、共感を示してあげることが大切です。『気のせいよ』と軽く片付けたり、『いつまでぐずぐずしてるの』と怒ったりしてはいけません」

「はい、分かりました。病院に行くように勧めているのですが、なかなかその気になってくれないのです」

「精神科というと抵抗するケースが多いので、『体調が悪いみたいで心配だから、一度診てもらおう』と説得して、総合病院の内科を受診させるといいでしょう。医師が心の病気と気付いて、精神科を紹介してくれるはずです。とにかく、ゆっくり休養させてあげることが第一です。奥さんも焦るとは思いますが、いずれ治るとゆったりと構えるようにしてください。そういう姿勢がご主人の安心感につながりますから」

「分かりました。そうします」

レッツ　トライ！

健康を維持するために努力していますか？　ふだんの生活を見つめ直してみましょう。

チェックリスト

★あなた

□規則正しい生活を心掛けている。
□栄養バランスのよい食事をとるようにしている。
□十分に睡眠をとっている。
□ストレスを上手に発散するように心掛けている。
□体調がすぐれないときは早めに回復するよう手を打っている。
□自然と触れ合っている。

★パートナー

□規則正しい生活を心掛けている。

□ 栄養バランスのよい食事をとるようにしている。
□ 十分に睡眠をとっている。
□ ストレスを上手に発散するように心掛けている。
□ 体調がすぐれないときは早めに回復するよう手を打っている。
□ 自然と触れ合っている。

チェックの付かなかった項目は、改善策を考えましょう。パートナーの健康にも気を配り、互いに健康的な生活を心掛けることが大切です。

幸福の因子⑥　富

観点
富に関して、二人にとって何が幸せかを見つけ、向かっている。

富というと、お金や土地、家などの財産と思いがちですが、男女社会学では社会的地位や名誉、知識なども富と考えています。

お金や名誉は、欲の一種なので手放したほうがよいという考え方もあります。しかし、向上心を持ってそれらを人生の目標として掲げるのであれば、その人の生きがいや意欲につながります。

「衣食足りて礼節を知る」という言葉があるように、ある程度のお金がないと、心が貧しくなってしまいます。お金を有効に活用すれば自己実現できますし、社会貢献もできます。むやみに嫌う必要はありません。

また、地位や名声があると、他人から尊敬されたり信頼されたりする一面もあり、これが幸福感につながる場合があります。

さらに、知識や資格といったものは、本来人間が持っている知的好奇心を満足させるとともに、財産や名声を生み出す源泉にもなります。

このように、富は幸福をもたらす重要な因子ですが、時として二人に争いも招きます。どのような富を重んじるか、どのように富を築いていくか、どのように活用するか、二人で十分に話し合ってみることが大切です。

カウンセリング㉓　なかなかお金が貯まらない

Y子さんは三十歳のワーキングウーマンです。同年の夫と賃貸マンションで暮らしています。そろそろ子どもも欲しいし、家も買いたいのですが、なかなか貯金が増えないのが悩みです。

「共働きだと、その気になれば貯められると思うのですが」

「そうなんですけど、食事を作っている暇がないので夜も外食が多いし、洋服やバッグを買ったり、旅行に行ったりすると、すぐになくなってしまうんですよね」

「ご主人は何とおっしゃっているのですか？」

「そんなにカリカリしなくても、少しずつ貯めていけばいい、という考えです。実は、私もそんな感じなんです」

「旅行は二人ともお好きなんですか？」

「はい、今年は休みが長くとれたので、二人で十日間ほどチェコに行ってきました」

「どうでしたか？　チェコは」

「ずっと天気がよくて、本当にきれいでした。ウィーンにも足を延ばして、元祖ザッハトルテも食べてきました。おいしかったですよ」

「楽しく過ごされたんですね」

「ええ、とてもよかったです」

「そうやって、二人の楽しい思い出をつくるのもいいと思いますよ。赤ちゃんが生まれたら、しばらく行けませんしね」

「それはそうなんですが、この調子だとあんまり貯金できないので、どうしようかと二人で思案しているんです」

「財形貯蓄や自動積立を利用すると、貯まりやすいですよ。二人でよく話し合って計画的に貯めるようにしましょう」

「そうですね。私達って計画性がないんですよね」

「まず、ライフプランを立ててみるといいでしょう。そうすると、具体的な目標ができるので、積極的に貯蓄しようという気持ちになるはずです。こうしたいなと漠然と思っている夢を実現するためにも、ぜひお勧めします」

「そうですね。いつごろ子どもを産んで、家を買ってと考えていけば、どのくらい貯めればいいのかよく分かりますよね。さっそく、彼と話し合ってみます」

「二人の共通の趣味である、旅行も大切にしてください。貯金、貯金で、心にゆとりがなくなるのも困りますからね」

レッツ　トライ！

富は、二人の考え方のすれ違いが深刻なトラブルに発展しやすいテーマです。お金の使い方や貯め方、富を得る意味について、話し合ってみましょう。

★お互いのお金の使い方を理解し、納得していますか？
★二人で協力して貯金していますか？
★富を得るために努力していますか？
★何のために富を得たいのか考えてみましょう。
★富をどのように活用するか二人で話し合っていますか？
★自分を高めるために、常に学んでいますか？

幸福の因子⑦　信念や宗教

観点
信念や宗教に関して、二人にとって何が幸せかを見つけ、向かっている。

信念とは、正しいと信じる自分の考えで、信仰にもつながる言葉です。信念も宗教も、揺るがぬ自分を持っているという点は共通しており、自信をもって行動できるため、幸福感を得られます。

パートナーと共通の信念があれば、何か問題が起こっても迷わず決断できますし、困難を乗り越えやすくなるでしょう。

ただし、信念を持つのはいいのですが、かたくなになってしまってはいけません。素直に人の意見に耳を傾け、しなやかに生きていくスキルも身に付けると、さらに幸福になれるでしょう。

また、自分の信念をパートナーに押し付けてはいけません。それは、宗教も同じです。信念や信仰は自発的に持つものです。それぞれに、自分の信じる道があるのは自然なことです。ルートは違っていても、向かう方向が同じであれば、ともに生きていけます。

カウンセリング㉔　夫がお寺の跡継ぎである

Zさんは三十二歳。結婚して四年目の専業主婦です。夫は現在サラリーマンですが、いずれ、実家のお寺を継ぐことになっています。Z子さんは、仏教徒というわけではないので、どうしたらいいのか途方に暮れています。

「ご主人は、あなたにもお寺のことに関わってほしいと言っているのですか?」

「そうですね。まだ具体的には話し合っていないですが、お寺の行事を手伝ったり、檀家さんとの付き合いには顔を出したりしなくてはいけないようで、気が重いです」

「気が重い原因は何でしょうね」

「私は特に仏教徒というわけではないんです。強いて言えば、キリスト教系の女子校に通っていたので、そちらのほうに親しみを感じています」

「お寺の仕事を手伝うにあたって、仏教を信じていないとやりづらいものでしょうか？」

「いざ始まるまではよく分からないですが、居心地が悪いのではないかと思っています」

「ご主人はそのことについて何かおっしゃっていますか？」

「自分自身は仏教を心のよりどころにしているけれど、私にそれを強制するつもりはないと言っていました。私の明るい性格で、お寺を盛り上げてくれればそれでいいんだよ、と。ただ、私としては、自分がピンと来ていないことを手伝っていても、やる気がわかないんじゃないか、とも心配しているんです」

「ご主人から仏教のことを説明されたことなどはありますか？」

「実は、付き合っていた頃に、宗教には抵抗があると伝えたので、二人でそういう話をしたことはほとんどありません」

「そうなんですね。ご主人はそういうあなたの考えを尊重してくれたんですね」

「はい。夫は、自分の信仰や信念がはっきりしている人ですが、それを他人に強制するようなことはしない人なんです。自分は自分、人は人の考え方があって構わない、というスタンスなんです」

「そうですか。そのようなご主人なのであれば、少しご主人に仏教のお話をうかがってみるのもいいかもしれませんね。別に、仏教を全面的に信仰することは求められないでしょうから。ご主人が関わっている仏教が、どういう考え方なのかを知っておくことは、これからのあなたの生活にも役に立つでしょう」

「そうかもしれません。今、気が付きましたが、私は、すべてを信じるか、ひたすらに拒絶するか、そのどちらかしか選択肢がないと感じていたような気がします」

「共感できる部分は自分の信念にも取り入れれば良いでしょうし、そうでない部分は無理に信じる必要はないのですよ」

「そうですね。これまでの私は、知りもしないのに、夫の心のよりどころを徹底的に拒否してきたわけで……ちょっと極端だったと思います」

「かもしれませんね。ぜひ、いろいろ聞いてみてください。それは、ご主人のことをより深く理解することにもつながりますよ」

レッツ　トライ！

あなたは信念を持っていますか？　二人の共通の信念があるかどうか話し合ってみましょう。

★　あなたの信念を書き出してみましょう。
★　その信念について、パートナーの意見を聞いてみましょう。
★　パートナーの信念を書き出してみましょう。
★　その信念についてあなたはどう考えていますか？
★　二人の共通の信念があれば、書き出してみましょう。

幸福の因子⑧　ゆとり

観点
ゆとりに関して、二人にとって何が幸せかを見つけ、向かっている。

一口にゆとりと言っても、時間的なゆとり、経済的なゆとり、空間的なゆとり、精神的なゆとりと、いろいろあります。私達が快適に暮らすためには、どのゆとりも必要です。ゆとりがなければ、いつも何かに追い立てられているような気がして、心が荒みます。自分のことだけで頭がいっぱいになり、他人を思いやることもできません。パートナーともけんかが絶えなくなるでしょう。幸福になるには、ゆとりは欠かせません。
時間的なゆとりがあれば、パートナーと趣味や会話を楽しめるでしょう。映画を観たりコンサートに行ったり、豊かな時間を過ごせます。経済的なゆとりがあれば、やりたいことができますし、老後の不安などから解放されます。

空間的なゆとりも大切です。日々狭苦しい部屋で過ごしていると、ストレスがたまり、心が不安定になりがちです。広々とした快適な空間があれば、ゆったりした気持ちで安心して暮らせます。

これらのゆとりはすべてリンクしていて、時間的、経済的、空間的ゆとりは、精神的なゆとりをもたらします。精神的なゆとりがあると、誰にでもやさしく接することができるので、よい人間関係を築けます。何事にも意欲的になり、充実した人生を送れるでしょう。

カウンセリング㉕　夫がリストラされてどうしたらいいのか分からない

A美さんは四十六歳の専業主婦です。夫は大企業に勤めていましたが、不況のあおりを受けてリストラされてしまいました。上の子は大学受験を控えており、これから一番お金がかかる時期なのに、どうしたらいいのか途方に暮れています。

「なんだか夫の様子がおかしいと思っていたら、リストラにあったと言うんです。夫は一流大学を出ているし、そんなことは夢にも考えていなかったので、呆然としてしまいました」

「そのとき、奥さんは何とおっしゃったんですか？」

「『エーッ！　どうするのよ。これからカズキは受験なのよ。お金がいるのに！』って叫んでしまいました」

「うーん。ショックだったのは分かりますが、それはちょっとまずかったですね」

「たしかに。夫が一番ショックを受けているのに、追い討ちをかけてしまったんです。それから三カ月ほど経ちますが、夫はほとんど口を利いてくれません。今は失業保険をもらいながら、ハローワークに通っています」

「奥さんは働くつもりはないのですか？」

「この年だし、ずっと専業主婦で来たので、無理だと思うんです」

「でも、やってみなくちゃ分かりませんよね」

「それはそうですが。今は精神的に追い詰められた気分で、何もやる気になれないいんです。ある程度の蓄えはありますが、それで子ども達を大学にやれるのかとか、老後はどうなるのかと不安でたまりません」

「よく言われることですが、人生は山あり谷ありです。今は谷底かもしれません。こういうときこそ、家族が心を合わせないと」

「そうなんですが、具体的にどうしたらいいのか……」

「ご主人は今まで家族のために必死に働いてくれたんです。とにかく、お疲れさまでしたとねぎらってあげてください。そして、『私もなんとか働き口を見つけるから、みんなで頑張ろう』と励ましてあげましょう」

「見つかるでしょうか？」

「お友達や周りの人から情報を集めましょう。タウン誌などにも目を通して、パートでいいから探してください。選り好みしなければきっと何か見つかるはずです。子ども達は、大学に進学したら奨学金をとらせましょう。アルバイトもさせれば、なんとかやっていけるはずです」

「そうですね。そう言われてみれば、少し気持ちが楽になりました。私もやってみます」

「そうです。今は気持ちのゆとりをなくしているので、悲観的なことしか考えられないのです。でも、家族が一致団結すれば、なんとか乗り越えられるものです。家族の絆を強めるよい機会だと思って、頑張りましょう」

「はい。夫には謝って、感謝の気持ちを伝えるようにします」

レッツ　トライ！

あなたはゆとりを持って生活していますか？　ゆとりについて二人で考えてみましょう。

★時間的なゆとりがありますか？
ない場合は、どうしたらつくれるか考えましょう。

★経済的なゆとりがありますか？
ない場合は、どんな方法で余裕を持てるか考えましょう。

★空間的なゆとりがありますか？
ない場合は、広く住む工夫をしましょう。

★精神的なゆとりがありますか？
ない場合は、何が障害になっているのか考えましょう。

幸福の因子⑨　社会環境

観点

社会環境に関して、二人にとって何が幸せか見つけ、向かっている。

長引く不況や自然災害、環境破壊などによって、私達を取り巻く社会環境は悪化の一途をたどっています。

世界に目を移すと、常にどこかで紛争が起こっており、飢餓に苦しむ人も少なくありません。環境破壊もすさまじく、砂漠化の進行や熱帯雨林の減少、野生動物の減少、オゾン層破壊、地球温暖化など、問題は山積しています。

日本では少子高齢化が進み、年金問題などが生まれている一方、世界では人口が爆発的に増え続け、ついに七十億人を突破しました。これから、ますます食糧問題や環境問題は深刻になっていくでしょう。

自然環境や社会環境の悪化は、私達の幸福感に大きな影響を与えます。個人でできることは少ないかもしれませんが、一人ひとりが自覚を持ち、世界平和や環境保護に取り組まなければなりません。

日本、世界、地球といった大きな視野で物事をとらえるように心掛け、できることから始めたいものです。

パートナーとこうした点について話し合い、社会に対して何ができるか、何をすべきか、意見を交わしてみましょう。

カウンセリング㉖　未来が不安で子どもを産む気にならない

B美さんは三十一歳のキャリアウーマンです。結婚して三年経ち、子どもを産むのならそろそろ考えなければと思うものの、あまりにも未来が暗い気がして、どうしても踏ん切りがつきません。もう、子どもを持つのはやめようかと、パートナーと話し合っています。

「環境破壊はひどいし、放射能汚染の状況にも不安がありますし、年金ももらえないかもしれないし、子どもがかわいそうで産む気になれないんです」

「そうですね。たしかにいいニュースはあまりないですが、でも、人間はたくましい生き物だと思いますよ。ここまで生き延びてきたのですから。絶望的にならずに、子ども達に未来を託してはどうでしょう。もちろん、今生きている私達も、できるだけ美しい地球を渡せるように努力しなくてはいけませんが」

「そうですが、子どもや孫の時代がどうなるのかと思うと、さあ産むぞという前向きな気持ちになれないのです」

「気持ちは分かりますが、今こそ人類の英知を結集して、地球の危機を救わなければなりません。そんなにマイナス思考では、何もできませんよ。微々たる力でも、それぞれが精一杯できることをしなければ仕方ないんじゃないでしょうか」

「そうですね。でも、私達の子どもは幸せになれるでしょうか」

「もちろん、二人が一心に愛を注いであげれば、必ず幸せになれます。世界がどうなろうと、両親からもらったあふれんばかりの愛を支えに、子どもはたくましく生きていくと思いますよ。愛は永遠のものです。愛された思い出があれば、人間は生きていけます。そんなに悲観することはありません」

「そうですね。なんとなく元気が出てきました。子どもを産んで、精一杯愛してあげたいと思います」

「そうです。子ども達が未来を切り開いていくのです。その力を信じて希望を持ちましょう」

レッツ　トライ！

社会環境をよくするために貢献していますか？　今何ができるか二人で考えてみましょう。

★世界の現状について、よく知る努力をしていますか？

★環境問題に関心を持っていますか？

★政治に関心を持っていますか？

★環境を守るために、何か活動をしていますか？

★日本の文化を大切にしていますか？

終わりに

さあ、勇気を出して扉を開けよう

男女社会学のこれから

男女社会学の考え方はいかがでしたか。

「自分らしさ」「愛」「コミュニケーション」「自分達らしさ」「幸福」――。それぞれのゾーンの基本的な考え方や「レッツ　トライ！」でお示しした観点は、あなたが愛と幸福に満ちた人生をかなえるヒントになるはずです。

難しく感じるところもあったかもしれません。実感のわかないところもあったかもしれません。

しかし、今は分からなくても、あなたがさまざまな経験を積み重ねていくうちに、分かってくる部分もあることでしょう。

ぜひ、この本をそばにおいて、折々に読み返してみてください。そのときにあなたが悩んでいる問題について、男女社会学は興味深い考え方を示してくれるはずです。

私は本書で、いつまでも愛と幸せの続くパートナーシップを築くにはどうすればいいのか、私なりに道筋をお伝えしたつもりです。

一口に男女問題と言っても、実際には問題は多岐にわたりますし、とても奥が深いものです。こういうときにはこうすればよい、という単純な公式がないから悩ましいのです。そのため、この本を書きながら、本当にこれでいいのだろうか、と何度も自問自答しました。幾度となく事例やデータに立ち返りました。

すべては、皆さんが自身の愛や幸福を高めていく道しるべとなるような因子を、しっかりと抽出するためでした。

もちろん、本書ですべてを語り尽くせたとは思っておりません。男女社会学の研究はまだ発展途上なのです。

パートナーへの愛を高める努力が常になされていなければならないように、男女社会学の研究も、常に理論を磨いていく努力がなされなければなりません。

たとえば、愛や幸福についての人々の考えも、時代の価値観とともに変化していく部分があると考えられます。そうした点を統計や書籍・雑誌の検証、アンケート調査などを通して調整していく必要があります。

また、それぞれの因子について、より具体的に分析を進めていく必要もあるでしょう。

- どのような問いを投げかけることによって、「自分らしさ」がより高まるのだろうか。
- どのような行動を実践すると、「愛」の因子である「感謝」がより高まるのだろうか。
- 「コミュニケーション」の「非言語」の表現方法は、男女の性別差や年齢差によって、どのように異なっているのだろうか。
- 「自分達らしさ」の「共有の価値観」の満足度はどれくらいの値であれば、夫婦生活を継続していけるのだろうか。
- どのような状況に置かれたとき、人々は「幸福」の因子である「友人」を見失いがちになるのだろうか。

実践的な愛の理論として、男女社会学をより意義深いものにするには、このようなさまざまな問いを立て、一つ一つ回答を導き出していかねばなりません。

現在、その具体的な方法のひとつとして、IMAWL® (Index of Man and Woman's Love) と呼ばれる診断調査を幅広く、かつ、継続的に行っています。

また、男女の問題は、日本に限らず、世界のいたるところで起きています。ですから、男女社会学は、世界に通用する普遍的な学問となることが求められます。国や言語、宗教の差を超えてすべての男女に通じる要素は何でしょうか。それぞれの文化による特徴は何でしょうか。研究すべきテーマは無数にあります。

これからも、私は皆さんとともに研究にまい進し、男女社会学を、より実践的、より普遍的な学問へと進化させていきたいと考えております。

※IMAWL®は株式会社カンキョーアイの商標登録です。

IMAWL®

Index of Man and Woman's Love

▶現在パートナーのいる方

全体：貴方は、今、パートナーと愛し合い、 二人で幸せになろうとしていますか。　　／5

あなたは、今、自分らしく人生を生きていますか。

あなたは、今、
幸せを見つけ、
向かっていますか。

あなたは、
今、パートナーを
愛していますか。

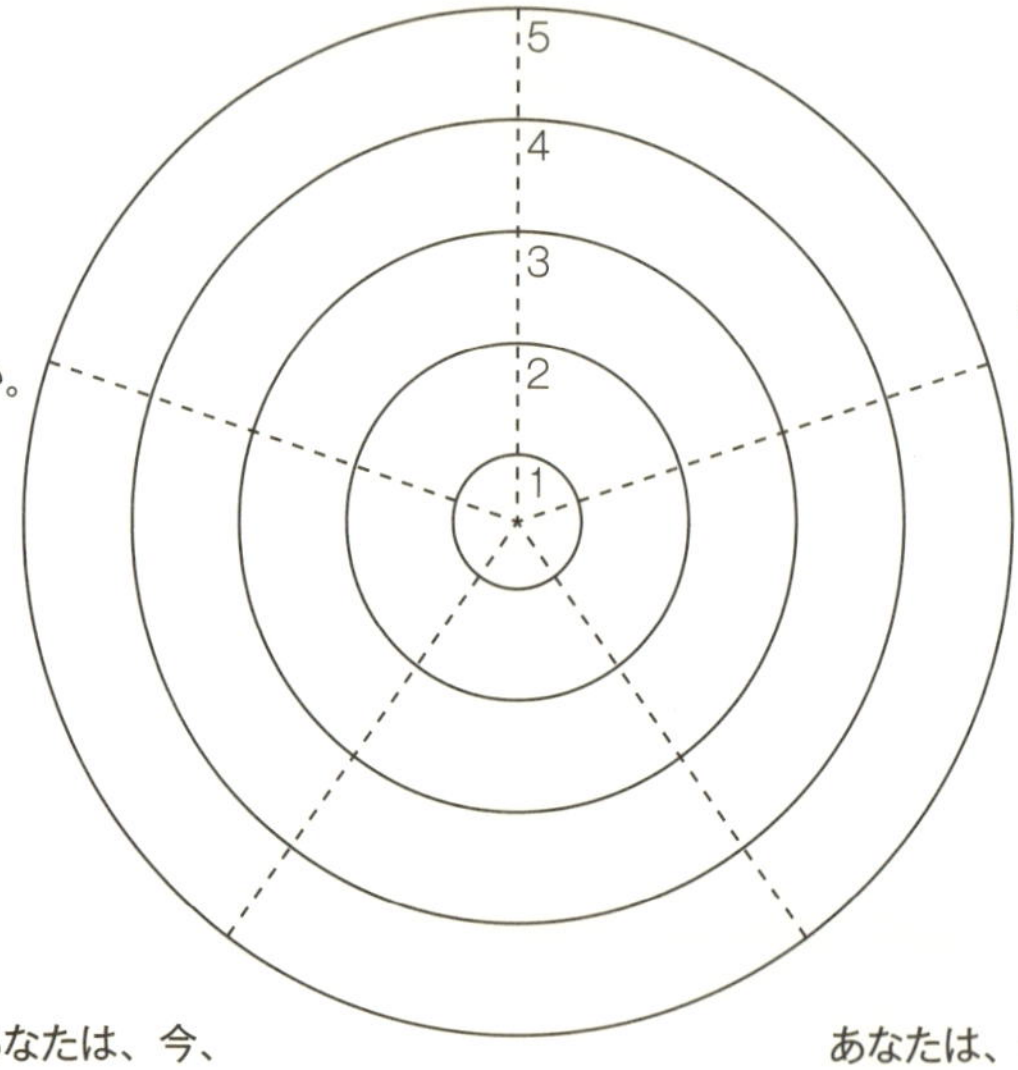

あなたは、今、
パートナーとともに
自分達らしさを築いていますか。

あなたは、今、
パートナーとのコミュニケーションを
良好にとっていますか。

MEMO

IMAWL®

Index of Man and Woman's Love

▶現在パートナーのいない方

全体：貴方は、将来のパートナーと愛し合い、 二人で幸せになることができると思いますか。　／5

あなたは、今、自分らしく人生を生きていますか。

あなたは、将来のパートナーとともに幸せを見つけ、向かえると思いますか。

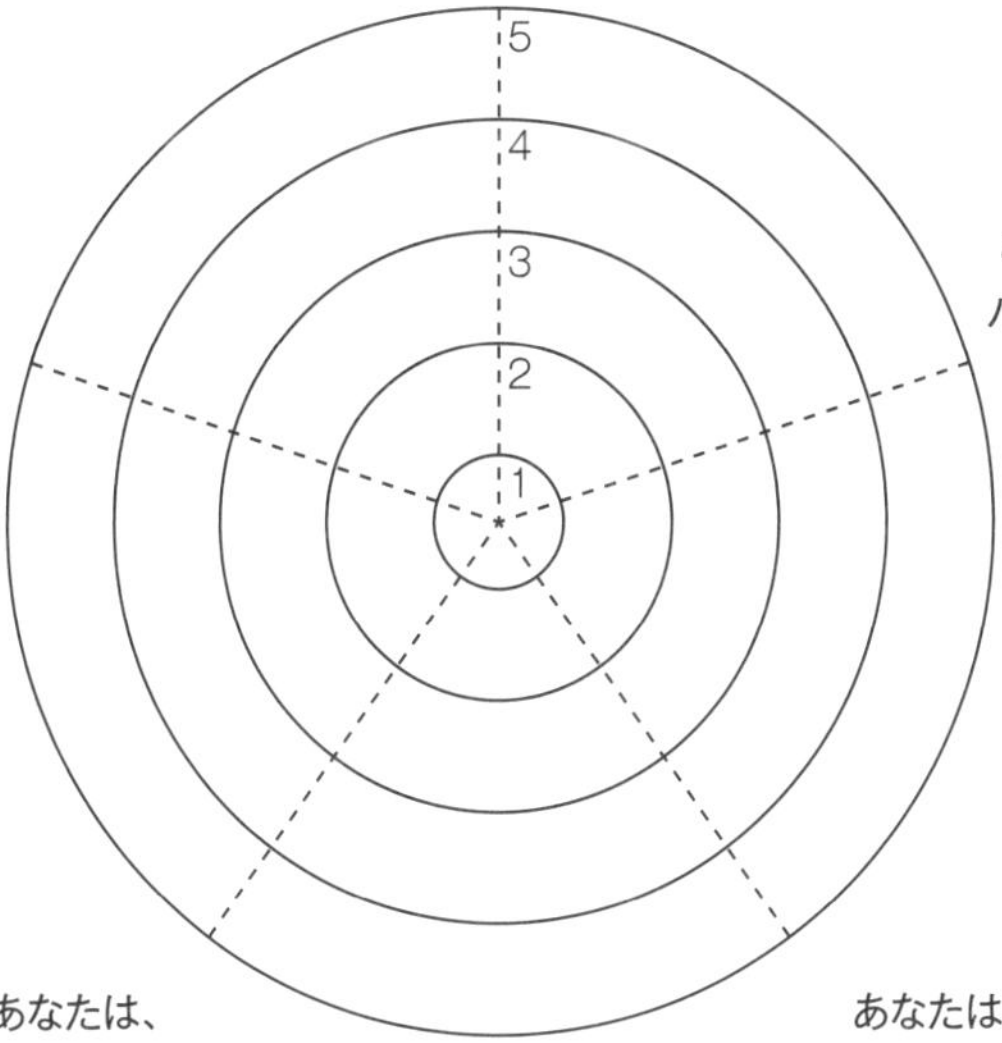

あなたは、将来のパートナーを愛することができると思いますか。

あなたは、将来のパートナーとともに自分達らしさを築くことができると思いますか。

あなたは、将来のパートナーとコミュニケーションを良好にとることができると思いますか。

MEMO

エピローグ　〜あなたに贈る言葉

行きつ戻りつしながら、ようやくここまで原稿を書き上げました。

ふと窓の外に視線を移すと、華やかなクリスマスのイルミネーションに彩られる季節になっていました。

恋人達が肩を寄せ合い、私の目の前を通り過ぎていきます。どのカップルも幸せに包まれているように見えます。

でも、このなかで真の愛し方を知っているカップルがどれだけいるでしょうか。

愛に真剣に向かい合い、幸福へ向かう努力をしている人がどれだけいるでしょうか。

時が過ぎゆく早さ、愛のはかなさを理解している人はどれだけいるのでしょうか。

そう思うと、私は彼らにそっと語りかけたくなります。

「ちょっとしたコツさえつかめば、その愛は永遠のものになるんだよ」と。

実際、どのような人も、どのようなカップルも、愛と幸福に満ちた人生の扉を開ける鍵を持っているのです。問題は、自分達が幸せの扉を開く鍵を持っていることを知っているかどうかです。

本書を読み、男女社会学を学ぶ第一歩を踏み出したあなたは、その鍵の存在にお気付きのことでしょう。そして、その鍵を使うヒントも、もうつかんでいることでしょう。どうぞ、勇気を出して、幸せの扉を開けていただきたいと思います。

「人生とは、パートナーと愛し合い、自分達らしさを築きながら、幸福へと向かう旅である」

最後にもう一度、この言葉をあなたに贈ります。

この本が、そうした人生の旅を楽しむ、すべての人々の手助けになりますように——。

二〇一一年　師走　神谷誠一郎

著者プロフィール

神谷 誠一郎（かみや せいいちろう）

1965年愛知県名古屋市生まれ。29歳で結婚。その後の離婚を機に、男女の愛を高める技術を考案し、「男女社会学」を体系化する。

1997年株式会社カンキョーアイ創業。

2003年より「男女社会学」を用いた、インターネット上の結婚情報サービスエンジェルを運用。

2012年現在、日経MJサービス業調査でインターネット結婚情報サービス部門7年連続1位を獲得。

男女社会学

2012年8月15日　初版第1刷発行

著　者　神谷 誠一郎
発行者　瓜谷 綱延
発行所　株式会社文芸社
〒160-0022　東京都新宿区新宿1－10－1
電話　03-5369-3060（編集）
03-5369-2299（販売）

印刷所　図書印刷株式会社

ISBN978-4-286-11392-0